천국
묵상

생 각 의
회 로 를
바꾸는 시간

천국
묵상

팀 켈러 · 존 파이퍼 외 지음
D. A. 카슨 · 제프 로빈슨 엮음 **서경의** 옮김

국제제자훈련원

목차

더 나은 본향을 찾는 인생

죽음 너머의 삶, 그리고 앞으로 다가올 세상에 대한 그리스도인의 태도는 시대와 장소에 따라 크게 달랐다. 이 세상의 재화가 넉넉하지 않은 그리스도인, 지속해서 핍박의 위험에 시달리는 그리스도인은 안전하고 편안하게 살아가는 그리스도인보다 새 하늘과 새 땅이라는 '본향'을 더욱 열망한다. '마지막 때'에 대한 논의가 유행인 상황에서, 이러한 주제를 숙고하는 그리스도인은 다른 교리를 파고드는 그리스도인보다 더 깊이 영원을 생각한다. 또한 성경 전체를 성실하게 정독하는 그리스도인은 말씀을 마음에 깊이 새기는 수고를 해본 적이 없는 그리스도인에 비해 예수의 재림에 더욱 끌릴 수밖에 없다.

성경을 진지하게 읽어보면 주님의 다시 오심과 관련하여 대략 5가지 정도의 주제로 압축할 수 있다(대표적인 몇 가지를 고른 것이고, 모든 주제를 다루지는 않았다).

첫째, 성경은 메시아로 오신 예수님을 이야기한다. 복음은 하나님이 아들의 죽음과 부활을 통해 택한 백성을 구속하신 기쁜 소식이다. 새 하늘과 새 땅의 백성은 보좌에 앉으신 분과 어린양을 찬양한다. 예수 그리스도를 떼어 놓고는 종말론을 제대로 논의할 수 없다. 그리고 종말론을 외면한 채 예수를 이해하는 것도 불가능하다.

둘째, 성경을 열심히 공부하는 그리스도인은 성경의 여러 중요한 흐름이 어떻게 움직이는지를 알고 싶어 한다. 즉, 에덴동산에서 새 하늘과 새 땅까지 어떻게 연결될까? 공의, 제사장직, 생명, 삼위일체, 성육신, 칭의, 성화, 부활, 성전, 은혜, 언약, 하나님의 백성 등의 주제가 어떻게 조화를 이루어 계시록 21~22장까지 연결될까에 관심이 있다.

셋째, 그리스도인은 사후에 그리스도의 품에 안긴다. 죽음 자체는 그리스도인의 소망이 될 수 없으며, 이른바 '중간 상태'라고 불리는 기간 역시 그렇다. 오직 그리스도가 다시 오셔서 의로운 자들이 부활의 몸을 입고 살게 될 새 하늘과 새 땅을 이루시는 것만이 그리스도인의 참된 소망이다.

넷째, 그리스도인이 마땅히 추구해야 할 최고의 선을 드러내고 그것을 추구하도록 돕는다. 예수님은 우리의 보물이 있는 곳에 우리 마음이 있다고 가르치신다(마 6:21). 따라서 새 하늘과 새 땅에서 하나님을 뵙고자 하는 최고의 선을 추구하는 자들이라면, 우리는 당연히 그것을 보물처럼 여겨야 한다. 이는 새 하늘과 새 땅 그리고 영원한 삶을 믿는다고 고백하는 것 이상을 의미한다. 그 최고의 선이 보물처럼 소중하게 여겨져야만, 온 마음을 거기에 기울일 수 있다. 그렇지 않다면 우리는 그보다 못한 것에 힘을 쏟을 수밖에 없다. 그것이 비록 어느 정도 좋은 것이라 해도, 최고의 선이 우리 보물이 되지 못하면 필경 그것을 밀어내고 만다.

다섯째, 성경은 새 하늘과 새 땅에 더 이상 죄와 죄의 결과가 없음을 여러 모양으로 강조한다. 탐욕, 미움, 욕정, 죽음, 슬픔, 눈물이 더는 없다. 대신 우리는 마음과 혼과 뜻과 힘을 다해 하나님을 사랑하고 또한 이웃을 내 몸처럼 사랑할 것이다. 정의를 위한 투쟁은 더 이상 필요치 않다. 우리는 모두 하나님 앞에서 의로울 것이며, 공의를 실천할 것이다.

그렇다면 죄 없는 에덴동산과 죄 없는 새 하늘과 새 땅은 어떻게 연결될까? 성경의 전체 줄거리는 하나님의 형상으로 지음받은 사람이 어떻게 죄에 빠졌고, 어떻게 창조주 하나님의 은혜로 구속받는지를 설명한다. 이러한 맥락에서 지금 우리가 죄에 대항해서 싸우는 것에는 어떤 의미가 있을까?

이 책의 여덟 장은 2015년에 개최한 〈가스펠 코얼리션 전국 콘퍼런스〉National conference of the Gospel Coalition의 기조연설을 문서로 정리한 것이다. 이를 통해 더 많은 사람이 하나님 말씀을 깊이 경험할 수 있기를 바란다. 각 본문의 뜻을 이해하고, 본문을 통해 성경의 흐름을 깨달음으로써 새 하늘과 새 땅에 대한 올바른 이해에 다다르면 좋겠다. 콘퍼런스 마지막에 나눈 대담은 부록으로 수록했다. "죄로 물든 세상에서 하나님의 공의를 추구해야 하는 성경적 근거"라는 제목으로 진행된 열띤 토론 내용을 담았다. 하나님은 우리를 공의로 부르신다. 그러나 거기에서 그치지 않고 또한 은혜의 복음에 화답하기를 촉구하신다.

콘퍼런스에서 주제 발표에 동참해준 모든 분에게 감사드린다. 편집에 도움을 주신 제프 로빈슨, 크로스웨이 직원들에게도 감사드린다. 진정 하나님 나라와 의를 구하는 것이 무엇인지를 몸소 보여준 이들이다.

D.A. 카슨

1

팀 켈러

생명을 택하라

신명기 30:1~20

Timothy Keller

신명기 30장에서 생의 막바지에 이른 모세는 이스라엘에 새 지도자를 세운다. 백성은 시내산에서 하나님과 언약을 맺었고, 하나님은 이렇게 약속하셨다. "나는 너희의 하나님이 될 것이며, 너희는 나의 백성이 될 것이다. 너희에게 살아갈 방도를 가르쳐주겠다. 너희가 지켜야 할 언약의 규정은 다음과 같다."

모세는 무대 뒤로 사라질 참이고, 이스라엘은 언약을 갱신할 시기였다. 모세는 언약 갱신 과정을 문서로 만들었는데, 이것이 신명기다. 이스라엘이 하나님의 백성으로 살기 위해 해야 할 모든 것을 기록했다. 말하자면, 신명기는 십계명 해설서였으며, 어떻게 정직과 공의의 삶을 살아야 하는지를 보여주고자 했다. '언약 갱신 문서' 후반부에 해당하는 신명기 27~28장에서 하나님은 모세를 통해 '축복과 저주'의 말씀을 주시는데, 신명기 30장 1~20절에서 두 번이나 이를 반복하신다.[1] 하나님이 말씀하신다. "만약 네가 언약을 지키고, 약속한 대로 내게 성실하게 이행하면, 나는 네게 복을 줄 것이다." 신명기 28장 초반부에는 하나님이 이스라엘의 순종에 대해 약속하신 복이 모두 나온다. 그러나 28장 중반 이후에서 하나님은 엄히 말씀하신다. "만약 네가 언약을 지키지 않으면, 이 모든 저주가 네게 임할 것이다." 30장 18절은 이렇게 선언한다. "내가 오늘 너희에게 선언하노니 너희가 반드시 망할 것이라." 만약 언약을 어기면, 이 모든 저주가 임한다.

저주는 진정 끔찍하지만, 약속된 복 역시 놀랍기 그지없다. 복에는 항상 하나님의 약속이 따라오는데, 하나님은 자비로우시며, 죄를 사하시는 분으로 소개된다. 복은 은혜가 넘치고 무조건적인데 반해 저주는 너무나 끔찍하고 조건적이기에("만약 이렇게 저렇게 하면, 너희는 망할 것이다"), 한 명 이상의 저자가 신명기를 기록했다고 믿는 학자가 많다. 레이몬드 딜라드와 트램퍼 롱맨 3세는 《최신 구약 개론》(CH북스 역간)에서 저명한 구약 학자인 F. M. 크로스 역시 그러한 결론을 내린 바 있다고 밝힌다.

크로스는 신명기가 두 단계에 걸쳐 쓰였다고 했는데, 첫 번째 부분은 희망이 넘쳤던 요시야왕 때였다고 본다. 이 가설에 따르면, 신명기 처음 부분에는 하나님이 죄와 허물을 사하시는 자비롭고 신실한 분으로 그려지고, 축복의 약속이 기록되었다. 그러나 바벨론 추방 이후에 신명기에 대한 기존의 인식이 바뀌었으며, 누군가가 저주에 대한 기록을 추가했다. 크로스는 이러한 놀라운 복

팀 켈러

과 끔찍한 저주를 한 사람이 한꺼번에 서술하는 일이 불가능하다고 보았으며, 따라서 신명기는 한 사람이 쓴 책이 아니라고 생각했다. 사실 크로스는 하나님이 그토록 자비하시면서 동시에 무서운 분이시며, 사랑이 넘치면서 동시에 거룩한 분이시라는 사실을 이해하지 못한 것이다.

딜라드와 롱맨은 이런 생각을 통쾌하게 반박한다. 그들의 논조는 사뭇 익살스럽기까지 하다. "하나님의 풍성한 사랑을 노래하는 문서에, 그것도 하나님의 거룩함과 심판, 공의에 대한 글을 덧붙여서 서로 모순처럼 보이도록 편집하는 사람이 있을까?" 만일 그랬다면, 정말 어리석은 편집이 아닐 수 없을 것이다.[2]

하나님의 자비와 거룩함 사이의 긴장

비록 크로스의 생각이 잘못되긴 했지만, 신명기에 나오는 복과 저주 사이에 어느 정도 긴장이 있음은 사실이다. 거룩한 하나님은 죄를 벌할 수밖에 없고, 죄를 넘겨버리지 못하신다. 출애굽기 34장에서 하나님은 모세에게 말씀하신다. "나는 죄를 벌하지 않고 흘려보낼 수 없다." 그런데 동시에 하나님은 무한한 사랑과 성실과 용서의 하나님이시며, 사람과의 관계 회복을 바라신다. 하지만 우리의 허물과 사악한 본성 때문에 해결되지 않는 긴장 상태가 있다. 하나님은 어떻게 자비로우시면서 동시에 거룩하실 수 있을까?

마틴 로이드 존스는 부흥에 관한 설교에서 이러한 긴장 상태를 설명한다. 출애굽기 33장에서 하나님의 영광을 구하는 모세에게 하나님은 이렇게 대답하신다.

"여호와께서 이르시되 내가 내 모든 선한 것을 네 앞으로 지나가게 하고 여호와의 이름을 네 앞에 선포하리라. 나는 은혜 베풀 자에게 은혜를 베풀고 긍휼히 여길 자에게 긍휼을 베푸느니라. 또 이르시되 네가 내 얼굴을 보지 못하리니 나를 보고 살 자가 없음이니라"(출 33:19~20). 그리고 하나님이 내려오시는데, 그때 모세는 목숨을 보전한다.

> 여호와께서 그의 앞으로 지나시며 선포하시되 여호와라 여호와라. 자비롭고 은혜롭고 노하기를 더디 하고 인자와 진실이 많은 하나님이라. 인자를 천대까지 베풀며 악과 과실과 죄를 용서하리라. 그러나 벌을 면제하지는 아니하고 아버지의 악행을 자손 삼사 대까지 보응하리라(출 34:6~7).

로이드 존스는 모순처럼 보이는 두 사건을 이렇게 설명한다. 하나님은 모세 앞으로 자기의 "선한 것"goodness을 지나게 하면서 마치 이렇게 말씀하시는 것 같다. "나는 죄를 용서하겠지만, 모든 죄는 벌을 받아야 한다." 역설처럼 들리는 이 말씀을 설명하기 위해 로이드 존스는 왜 하나님이 모든 죄를 벌하셔야 하느냐는 질문을 던진다. 하나님이 그렇게 하셔야 하는 이유는 그분이 선하시기 때문이다. 재판관이 범죄를 보고도 그냥 둔다면, 그는 좋은(선한) 재판관이 아니다. 마찬가지로, 하나님이 모든 죄를 벌하셔야 하는 이유는 그가 선한 분이기 때문이다.

하나님은 왜 우리를 용서하고, 사랑하며, 버리지 않으시는가? 이 역시 하나님은 선하시기 때문이다. 어떻게 하나님이 모든 측면에서 완벽하게 선하시냐고 의문을 제기할지도 모른다. 거룩함과 공의의 측면에서만 온전히 선하시든지("벌을 받지 않으려면 순종해야 한다, 순종해야만 천국에 갈 수 있다"는 논리다), 아니면 사랑의 측면에서만 온전히 선하실 수 있는 게 아닐까?("순종하면 더 좋겠지만, 결국 하나님은 우리 행동에 상관없이 우리를 받아주실 것이다") 하지만 이렇게 완전하고 철저히 선한 하나님은 그들 생각에는 없다. 두 측면에서 모두 선한 것은 불가능해 보이기 때문이다. 이것이 바로 F. M. 크로스와 많은 구약 학자의 생각이었다. 신명기에 등장하는 복과 저주를 본 그들은 자비로우면서 동시에 그토록 맹렬하게 진노하는 하나님을 인정할 수 없었다. 이런 차원에서 그들은 신명기가 하나님을 유순하게 그린 책과 하나님을 잔인하게 본 책을 편집한 것으로 생각했다.

하지만 이들의 견해와는 다르게 구약성경은 해결되지 않는 긴장 상태를 의도적으로 그린다. 이러한 긴장이 복음의 토대가 된다. 서로 다른 힘이 움직이고 있으며, 앞으로 어떤 일이 펼쳐질지 알 수 없다. "빨간 모자 소녀가 할머니에게 음식을 갖다주었다"는 말은 단순한 보고일 뿐 내러티브가 아니다. "빨간 모자가 할머니에게 음식을 갖다주려는데, 사나운 늑대가 그녀를 잡아먹으려고 기다리고 있었다"는 내러티브다. 긴장감을 주기 때문이다. 앞으로 이야기가 어떻게 전개될지 조바심이 생긴다. 신명기를 관통하는 내러티브의 긴장은 성경 전체 내러티브의 긴장과 연결되며 결국 십자가에서 정점에 이른다.

"그렇다고 하더라도 신명기 자체에서 긴장이 해소되는 것은 아니잖아요?"라고 물을 수도 있다. 그에 대한 대답은 '예'와 '아니요'가 함께 있다는 것이다. 앞으로 전개될 문제에 대한 해결을 엿볼 수 있다는 점이 성경의 묘미 중 하나다. 신명기 30장에서 그 전조를 본다.

신명기 30장이 약속하는 미래

신명기 30장은 미래에 관해 이야기한다. 30장을 읽다 보면 어느 부분은 모세가 현재 일을 이야기하는 것처럼 보이지만, 바울은 로마서 10장에서 모세가 미래를 가리켜 말한 것이라고 밝힌다. 모세는 세 가지를 이야기한다.

첫째, 장차 우리는 마땅히 살아야 하는 대로 살지 않을 것이다. 둘째, 하나님은 우리 마음을 고치실 것이다. 셋째, 복음의 메시지가 선포될 것이다. 하나씩 살펴보자.

너는 선할 수 없다

미래에 관한 신명기의 첫 메시지는 우리가 마땅히 살아야 하는 대로 살지 못하리라는 사실이다. 이는 신명기 30장의 가장 중요한 내용 중 하나다. 이 사실을 명심하지 않으면, 나머지 부분을 오해하게 된다. 1절을 보자. "내가 네게 진술한 모든 복과 저주가 네게 임하므로 네가 네 하나님 여호와로부터 쫓겨간 모든 나라 가운데서 이 일이 마음에서 기억이 나거든." 모세는 이스라엘이 쫓겨가리라고 밝힌다. 신명기 28장에 나온 저주 목록 중 최고봉은 추방과 흩어짐이다. 따라서 1절은 이런 의미다. "너는 실패할 것이다. 언약의 모든 저주가 네게 닥칠 것이다. 언약을 불순종하면 하나님이 약속하신 최악의 저주가 네게 임할 것이다."

오늘날 우리는 어떤 일을 해낼 수 있다는 동기부여의 메시지를 많이 듣는다. 어떤 면에서는 신명기 역시 그런 식으로 들린다. 대단히 윤리적인 부분을 포함하여 정직, 공의, 그리고 인간으로서 최상의 삶은 무엇일까를 다룬다. 누군가의 표현대로라면 모세는 신명기에서 역사적인 첫 설교 시리즈를 전하고 있다. 마치 오늘날의 동기부여 강사처럼 "여러분, 이렇게 살아야 합니다"라고 말하는 것 같다.

그런데 모세의 연설은 어떻게 끝을 맺는가? 신명기 1~29장에서 윤리적 규범에 따라 살아야 한다고 역설한 모세는 이렇게 결론을 맺는다. "잘 들어. 너희는 틀림없이 실패할 거야. 내가 말한 것을 하나도 지키지 못할 거고. 완전히 실패할 것이 분명해!"

동기부여 연설치고는 낙제점이다. 그러나 이것이 바로 복음의 선포다. 물론 이런 것이 복음의 전부는 아니지만, 이 부분을 깨닫지 못한다면 복음 선포도 없다. 모세의 메시지는 무엇인가? 모세는 이스라엘 그리고 인류를 향해 이렇게 이야기한다. "너는 어떻게 살아야 할지 다 알고 있어, 전혀 어려운 내용이 아니지. 만약하나님이 계신다면, 너는 이웃을 네 몸처럼 사랑하고, 그분을 온마음과 힘과 뜻을 다해 사랑해야 한다는 걸 알아. 하지만 그렇게 알면서도, 그렇게 살지는 못할 거야."

제이콥 니들맨은 철학자로 샌프란시스코 주립대학교에서 여러 해 종교 철학을 가르쳤다. 수년 전 그는 《왜 우리는 선할 수 없는가》*Why Can't We Be Good?*라는 명저를 저술했다. 그의 논지는 간단하다. 사회학자, 치료 전문가, 정치가 등 많은 사람이 어떻게 살아야 하는지에 대해 많은 책을 쓰고 있지만, 모두 한 가지 사실을 간과하고 있다. 사람들은 어떻게 살아야 하는지 이미 알고 있지만, 단지 그렇게 살지 못한다는 것이다. 아는 대로 살아낼 힘이 없다. 불가능하다. 이것이 바로 인류 최대의 미스터리다. 또한 사람들은 하지 말아야 할 것을 알고 있지만, 그냥 해버린다. 이것이 니들맨이 지적하는 우리의 문제다. 인류는 어떻게 살아야 할지를 알면서도 그렇게 살려고 하지 않으며, 그렇게 살지도 못한다. 니들맨은이 수수께끼를 전혀 풀 수 없었다.

레베카 피펏의 책 《토마토와 빨간 사과》(사랑플러스 역간)에는이와 관련한 재미있는 이야기가 나온다.[3] 피펏이 하버드대학에서 상담심리학 강좌를 청강할 때의 일이다. 교수가 어머니에게 몹시 화가 난 한 남자의 사례를 이야기했다. 그는 자기의 분노를 제대로 인식하지 못했고, 그로 인해 왜곡된 삶을 살았다. 상담을 통해 그는 분노의 실체를 깨달았고, 삶에 도움이 되었다. 그리고 다음 사례로 넘어가려던 찰나 피펫은 교수에게 질문을 던졌다.

"어떻게 그 남자를 도우셨나요?"

교수가 되물었다. "무슨 말이죠?"

피펫이 말했다. "어떻게 어머니를 용서하도록 도우셨는지요? 그의 왜곡된 삶이 어머니에 대한 분노 때문이었다면, 어떻게 어머니를 용서하도록 도와주셨죠?"

교수의 대답은 이런 식이었다. "내가 해준 것은 없어요. 스스로 자기 분노를 이해하고, 분노에 휘둘리지 않는 삶을 살기를 바랄 뿐이죠." 강의를 듣던 학생들은 대부분 이 대답에 실망했고, 교수는 결국 니들맨과 비슷한 결론으로 토론을 마쳤다. "만약 여러분이 사람의 마음을 어떻게 변화시킬 수 있는지에 대한 대답을 원한다면, 강좌를 잘못 찾아온 것 같군요."

심리학은 우리가 마땅히 해야 할 일을 하도록 돕지 못한다. 설사 우리가 뭘 해야 할지 알려준다고 해도, 우리는 그것을 하지 않고 그렇게 할 수도 없다. 그래서 나는 예수를 믿지 않는 청중에게 연설할 때, 로마서 2장을 설명하기 위해 프랜시스 쉐퍼가 애용하는 예화를 종종 사용한다. 로마서 2장은 하나님의 법과 성경을 알지 못하는 이방인조차 양심에는 어떻게 살아야 하는지에 대한 지식이 있으며, 하나님은 이 양심에 따라 그들을 심판하신다고 말한다. 이 말씀을 확증하기 위해 쉐퍼가 즐겨 사용하는 이야기가 있다.

우리 목에 보이지 않는 소형 녹음기가 달려 있어서, 당신이 상대방에게 어떻게 해야 한다고 말하는 것을 평생 전부 다 녹음한다고 가정해보자. 다른 사람에게 어떻게 살아야 하는지를 이야기할 때만 자동 녹음된다. 다시 말하면, 상대방에게 부과하는 도덕 기준만을 녹음한다. 당신이 옳거나 틀리다고 믿는 것만 녹음한다. 그런 후 하나님은 심판의 날에 사람들 앞에서 말씀하신다. "너희는 예수 그리스도에 대해 듣지도 못했고, 성경도 알지 못했다. 하지만 나는 공정하게 판단하겠다. 너희를 이렇게 심판하려고 한다." 하나님은 각자의 목에서 눈에 보이지 않는 녹음기를 꺼내 드신다. "각자의 도덕적 기준에 따라 심판하겠다." 그리고 하나님은 녹음기를 튼다.

지구상에 그 시험을 통과할 사람은 아무도 없다. 나 역시 여러 해 이 예화를 사용했지만, 자신 있다고 답한 사람은 아무도 없었다. "나는 내가 정한 기준에 맞게 살고 있습니다!" 아무도 이렇게 말하지 못한다. 이것이 인류 최대의 문제다. 어떻게 살아야 할지에 대한 책이 더 필요한 것이 아니다. 스스로 할 수 없는 것을 가능하게 하는 힘이 필요하다.

마치 모세가 이스라엘에게 "너희는 실패할 것이다"라고 이야기를 시작한 것처럼, 복음을 선포하는 사람은 모두가 알면서도 쉬이 인정하지 않는 사실을 상기시켜야 한다. "여러분은 어떻게 살아야 하는지를 알지만, 결코 그렇게 살지 못합니다. 누군가의 도움이 필요합니다. 스스로는 결코 해낼 수 없습니다."

하나님이 마음을 고치신다

신명기의 두 번째 메시지는 하나님이 사람의 마음을 고치신다는 것이다. 신명기 30장 2~5절에서 모세는, 이스라엘이 포로로 잡혀가지만 하나님이 그들을 다시 데려올 것을 예언한다. 6절에서 모세는 이렇게 말한다. "네 하나님 여호와께서 네 마음과 네 자손의 마음에 할례를 베푸사 너로 마음을 다하며 뜻을 다하여 네 하나님 여호와를 사랑하게 하사 너로 생명을 얻게 하실 것이며." 그는 성경 전체의 주제를 이야기한다. 예레미야와 에스겔은 이것을 '새 언약'이라고 불렀다. 바울은 할례는 마음에 받는 것이며(롬 2:29), 우리가 참된 할례파(빌 3:3)라고 말한다. 이것이 복음이다. 복음은 당시 이스라엘의 삶을 뛰어넘는 뭔가를 가리키고 있다.

마음의 할례가 무엇인가? 영어에서 '마음'heart은 감정의 주체를 뜻하지만, 성경에서 '마음'은 인격의 주체를 의미한다고 주석가들은 말한다. "너는 마음을 다하여 여호와를 신뢰하고"(잠 3:5). 마음의 역할은 그런 것이다. 창세기 역시 "마음으로 생각하는 모든 계획"(6:5)이라고 표현함으로써 마음의 역할이 무엇인지 정확히 밝혔다. 또한 마태복음에서 예수님은 이렇게 말씀하신다. "네 보물 있는 그곳에는 네 마음도 있느니라"(6:21). 마음을 통해서 우리는 무엇을 의뢰할지 결정하고 계획을 세우며 보물을 쌓아둔다. 내가 추구하는 최고의 선과 궁극적 소망과 모든 생각이 바로 마음에서 이루어진다.

이를 잘 보여주는 경구가 있다. "네가 혼자 있을 때 하는 짓이 바로 너의 종교다." 생각해보라. 당신이 마음속으로 가장 소중히 여기고 바라고 신뢰하고 소망을 두는 것이 무엇인가? 구원을 위해 가장 신경 쓰는 것은 무엇인가? 다른 생각으로 바쁘지 않을 때 마음에는 어떤 생각이 자연스럽게 떠오르는가? 스마트폰과 소셜 미디어의 홍수 속에서 절대 고독의 시간을 갖기란 점점 어려운 일이 되어간다. 하지만 아무리 바빠도 버스를 기다리는 때처럼 아무 것도 하지 않고 보내는 시간은 있게 마련이다. 그 짧은 몇 분 동안 하나님을 찬양하거나 그의 영광과 성품, 그분의 역사를 생각한 적은 없었다. 대부분 "교인 수가 이만큼 늘면 새 건물을 지어야지"와 같은 상상의 나래를 펴곤 했다.

당신은 버스를 기다리면서 무슨 생각을 하는가? 마음은 우리가 무엇을 가장 사랑하는지를 보여준다. 내 마음이 가장 원하는 것, 바로 그것에 우리의 생각과 감정과 의지가 집중된다. 달리 말하면, 우리 마음이 생각과 의지와 감정을 지배한다.

그렇다면 마음의 '할례'란 무엇일까? 뭔가 무서운 느낌이 들지 않나? 피터 크레이기는 하나님이 행하시는 마음의 할례란 일종의 은유로서 하나님이 집도하시는 마음의 외과수술을 의미한다고 신명기 주석에 썼다. 할례가 외적 순종과 언약 공동체로의 편입, 하나님의 법에 대한 복종을 의미하는 증표라면, 마음의 할례란 순종을 갈망하는 내적 동기를 뜻한다. 본문은 이렇게 말한다. "네 하나님 여호와께서 네 마음과 네 자손의 마음에 할례를 베푸사 너로 마음을 다하며 뜻을 다하여 네 하나님 여호와를 사랑하게 하사 너로 생명을 얻게 하실 것이며"(신 30:6).

또 다른 은유로 결혼을 생각해보자. 겉으론 화려하지만 정작 사랑은 존재하지 않는 정치적·사업적 결혼이 난무하는 세상이다. 내가 아내와 사랑에 빠졌을 때, 아내는 나에게 변화된 삶을 주문했다. 부모님이 늘 하시던 말씀이었는데, 물론 나는 귓등으로 흘려들었다. 그러나 아내 케이시의 바람은 곧 명령처럼 다가왔다. 그녀는 요구하지 않았지만, 사랑 덕분에 내 삶에는 변화가 일어났다. 나는 그때 사랑에 빠졌기에 그녀의 의지에 굴복하거나 명령에 따른다는 생각은 들지 않았다.

할례받은 마음이 이런 상황과 비슷하다. 해야 하는 것과 하고 싶은 것이 하나가 된다. 존 뉴튼은 찬송시에서 이렇게 썼다.

즐거움과 의무가
전에는 상극이었지만,
주의 영광을 본 후로
모두 하나가 되었네.[4]

할례받은 마음에서 즐거움과 의무는 동일하다.

당신이 교회 학교를 다녔다면 '할례'라는 단어를 들어봤을 것이다. 어릴 적에는 이런저런 질문을 던지기도 했을 것이다. 하지만 제대로 말해주는 사람이 없었다. 나이를 먹고 나서야 할례는 누군가가 하나님과 언약 관계를 맺은 일에 대한 상징임을 배운다. 설명을 들은 후에 당신은 이런 의문을 가졌을 법하다. "농담이겠죠! 대체 왜 하나님이 그런 걸 하라고 요구하시는 거죠? 이게 다 뭘 위한 건가요?"

그러하다. 할례는 엽기적이고 피 냄새도 나는 일이지만, 바로 그 점이 중요하다. 구약 시대의 언약은 단지 종이에 서명하는 것으로 끝나지 않았다. 대신 계약 파기에 따른 저주를 실연한다. 짐승을 반으로 찍어 쪼갠 후, 그 주검 사이로 지나가면서 이렇게 외쳤다. "오, 위대한 왕이시여, 오늘 당신에게 맹세하나이다. 만약 내가 오늘의 이 약속을 준수하지 않는다면, 나 역시 이 짐승처럼 찍어 쪼개질 것이외다." 언약 파기의 저주를 그런 식으로 실연하는 것이다. 내 생각엔 지금의 계약 체결 방식보다 훨씬 낫다. 그러면 사람들이 약속을 더 잘 지키지 않을까?

당시의 언약 체결 방식을 이해한다면, 할례의 의미가 더 명확해진다. 할례는 징그럽고 유혈이 낭자한 섬뜩한 행위다. 왜 하필 여기일까? 덜 불편한 곳을 찾을 순 없었을까? 이것은 죄에 따르는 형벌을 보여주려는 방법이었다. 죄란 그토록 끔찍하고 은밀하기에, 할례 같은 것을 통해서만 표현할 수 있다는 뜻이다. 그렇다면 마음에 할례를 받았다는 의미는 무엇일까?

골로새서 2장 11절에는 특이한 구절이 등장한다. "또 그 안에서 너희가 손으로 하지 아니한 할례를 받았으니 곧 육의 몸을 벗는 것이요 그리스도의 할례니라." 바울은 그리스도인이 되면 새 마음을 받을 뿐 아니라, 그리스도의 할례 덕분에 마음도 할례를 받는다고 설명한다. 십자가에서 예수 그리스도는 언약으로 인한 저주를 몸소 겪으셨다. 곧 끊어진 것이다. 거짓을 말하고, 속이며, 남을 해치는 자는 회중에서 격리되고 끊어진다. 신명기는 이것을 거듭 강조한다. 하나님을 불순종한 죄의 형벌은 하나님에게서 끊어지는 것이다. 이는 생명, 빛 그리고 모든 좋은 것으로부터 끊어짐을 의미한다. 이처럼 예수님은 우리가 받아야 할 모든 죄의 형벌을 대신 받으셨다.

에덴동산을 생각해보자. 아담과 하와는 죄 때문에 쫓겨나 끊어졌다. 화염검을 든 천사가 생명나무에 이르는 길을 막았다. 생명나무에 이르는 유일한 길은 검을 맞는 것뿐이며, 예수 그리스도는 십자가에서 그렇게 하셨다. 이런 의미에서 그분은 할례를 받으셨다.

예수 그리스도가 당신과 나를 위해 할례를 받았기에, 우리가 그분을 믿으면 객관적으로 이 관계가 회복될 뿐 아니라, 그분이 십자가에서 우리를 위해 저주의 고통을 당하셨기에 주관적으로 우리의 즐거움과 의무는 하나가 된다. 앞에서 언급했지만, 존 뉴튼은 이를 뛰어나게 묘사했다.

즐거움과 의무가
전에는 상극이었지만,

주의 영광을 본 후로
모두 하나가 되었네.

뉴튼이 말하는 주의 영광이란 무엇을 말하는가? 윌리엄 카우퍼의 찬송시에서 이것을 찾아보자.

그리스도가 율법을 다 이루심을 보았고
용서하시는 그분의 음성을 들으니,
노예가 변하여 아이가 되고
의무는 변하여 선택이 되네.[5]

예수 그리스도가 십자가에서 당신을 위해 한 것, 당신 대신 "끊어진 것"을 볼 때, 당신은 감동하여 말한다. "내가 저렇게 돼야 하는데, 예수께서 대신 끊어지셨습니다." 이제 당신은 할례받은 마음이 무엇인지 안다.

예수가 당신을 위해 그렇게 했다

미래에 관한 신명기의 세 번째 이야기는 본문 말미에 나온다. 이 부분은 현재 일을 말하는 것처럼 보인다. 신명기 30장 1~6절을 요약하면 이러하다. "먼저 너희는 실패할 것이며, 모든 저주가 너희에게 임하고, 결국 추방될 것이다. 그러나 하나님은 너희를 다시 불러와서 너희 마음에 할례를 행하실 것이다." 이는 새 언약과 새 탄생에 관한 약속이다. 그리고 신명기 30장 11~15절은 다음과 같이 말한다.

> 내가 오늘 네게 명령한 이 명령은 네게 어려운 것도 아니요 먼 것도 아니라. 하늘에 있는 것이 아니니 네가 이르기를 누가 우리를 위하여 하늘에 올라가 그의 명령을 우리에게로 가지고 와서 우리에게 들려 행하게 하랴 할 것이 아니요. 이것이 바다 밖에 있는 것이 아니니 네가 이르기를 누가 우리를 위하여 바다를 건너가서 그의 명령을 우리에게로 가지고 와서 우리에게 들려 행하게 하랴 할 것도 아니라. 오직 그 말씀이 네게 매우 가까워서 네 입에 있으며 네 마음에 있은즉 네가 이를 행할 수 있느니라. 보라 내가 오늘 생명과 복과 사망과 화를 네 앞에 두었나니.

'오늘' 이스라엘에게 명령을 내린다고 한 것을 볼 때 모세는 다시 현재 시점으로 돌아온 듯하다. 그가 전하는 하나님의 법은 너무 어려운 것이 아니라 가까이 있으며 그들의 입과 마음에 있다. 이것이 무슨 뜻일까? 우선 이스라엘 백성이 핑계 댈 수 없음을 뜻한다. 하나님의 율법은 자명하다. 하나님의 뜻이 무엇인지 분별하기 위해 바다 건너 현자를 찾아갈 필요가 없다. 오히려 하나님의 법이 그들을 찾아간다. "네 마음을 다하며 목숨을 다하며 힘을 다하며 뜻을 다하여 주 너의 하나님을 사랑하고 또한 네 이웃을 네 자신같이 사랑하라"(눅 10:27). 하나님의 법은 너무나 자명하기에,

몰랐다는 평계는 통하지 않는다. 그런데 토마스 슈라이너가 로마서 주석[6]에서 밝히듯이, 로마서 10장에서 이 본문을 인용하면서 바울은 이미 이스라엘이 이 언약을 지킬 수도 없고, 지키지도 않을 것이라고 모세가 말한 사실을 인지하고 있다. 로마서에서 바울은 모세의 말을 제대로 해석한다.

> 그리스도는 모든 믿는 자에게 의를 이루기 위하여 율법의 마침이 되시니라. … 믿음으로 말미암는 의는 이같이 말하되 네 마음에 누가 하늘에 올라가겠느냐 하지 말라 하니 올라가겠느냐 함은 그리스도를 모셔 내리려는 것이요 혹은 누가 무저갱에 내려가겠느냐 하지 말라 하니 내려가겠느냐 함은 그리스도를 죽은 자 가운데서 모셔 올리려는 것이라. 그러면 무엇을 말하느냐 말씀이 네게 가까워 네 입에 있으며 네 마음에 있다 하였으니 곧 우리가 전파하는 믿음의 말씀이라. 네가 만일 네 입으로 예수를 주로 시인하며 또 하나님께서 그를 죽은 자 가운데서 살리신 것을 네 마음에 믿으면 구원을 받으리라(롬 10:4, 6~9).

슈라이너의 해석에 따르면, 바울이 모세를 인용하면서 말한, 바다를 건널 필요가 없고 너무 어렵지도 않은 것은 오직 복음뿐이라고 주장한다. 예수께서 당신을 대신해서 불가능한 일을 하셨다. 따라서 스스로 구원을 얻으려고 노력하지 말라는 것이다. 그런 시도는 결국 예수를 죽은 자 가운데서 모셔 올리거나 다시 하늘로 올려보내는 것과 같다. 그분은 하늘에서 내려와 음부로 내려가 우리를 구하셨다. 스스로 자기를 구원하려는 것은 예수가 하신 일이 아무 소용없다고 말하는 것과 같다. 너무 어렵지도 않고, 우리를 뭉개지도 않을 것은 오직 복음뿐이다. 따라서 모세는 결국 이렇게 말하는 것이다.

"언젠가 복음이 선포될 것이다."

천국과 지옥은 동급이 아니다
—

의심의 여지 없이 복과 저주는 천국과 지옥을 가리킨다. 그러나 이 둘은 동급이 아니다. 달리 말하면, 당신이 지옥에 간다면 그것은 당신 탓이다. 마땅한 결과다. 신명기 30장은 이 사실을 분명히 한다. 그러나 하나님의 복은, 당연히 받을 권리가 아니다. 그것은 값없이 주어진다. 천국과 지옥 모두 당연한 결과라고 말해서는 안 된다. 지옥은 당연한 결과이지만, 천국은 그렇지 않다.

신명기는 복과 저주를 언급하면서 이 사실을 분명하게 말한다. 번영의 복음은 이 둘이 같다고 주장한다. 이것을 하면 복을 받고, 저것을 하면 저주를 받는다고 말한다. 그러나 크리스토퍼 라이트가 신명기 주석[7]에서 밝히듯, 잘못된 대가로 저주를 받는 건 당연하지만, 잘했다고 당연히 복을 받는 것은 아니다. 잘한 대가로 복을 받는 것이 아니라, 은혜로 받는 것이다. 순종은 예수 그리스도가 우리에게 이루어주신 복을 받는 통로일 뿐이다. 신명기는 이러한 차이를 분명하게 밝히고 있다. 사후 삶에 대해 생각할 때, 그리고 이에 대해서 설교할 때 우리는 이 사실을 분명하게 숙지해야 한다.

2

존 **파이퍼**

그리스도의 영광, 우리의 최종 고향

이사야 11장

John Piper

2

이사야서는 이렇게 시작한다. "유다 왕 웃시야와 요담과 아하스와 히스기야 시대에 아모스의 아들 이사야가 유다와 예루살렘에 관하여 본 계시라"(1:1). 따라서 이사야서는 기원전 740년에서 700년까지 유다 남왕국을 주 대상으로 한 예언이다. 거대한 제국 앗수르가 지평선 동쪽으로부터 나타나 예루살렘을 위협하던 때였다.

이사야는 앗수르가 자랑하는 소리를 듣는다. "나는 내 손의 힘과 내 지혜로 이 일을 행하였나니 나는 총명한 자라. 열국의 경계선을 걷어치웠고 그들의 재물을 약탈하였으며 또 용감한 자처럼 위에 거주한 자들을 낮추었으며"(10:13). 그러나 하나님은 이미 앞에서 이 오만한 앗수르가 당신이 사용하는 도구일 뿐임을 분명히 밝힌다. "앗수르 사람은 화 있을진저. 그는 내 진노의 막대기요"(10:5). 따라서 앗수르가 스스로 높일 때, 하나님은 이렇게 말씀하신다. "도끼가 어찌 찍는 자에게 스스로 자랑하겠으며"(10:15). 도구를 다 사용하신 하나님의 다음 행보에 대해 이사야는 이렇게 말한다. "앗수르 왕의 완악한 마음의 열매와 높은 눈의 자랑을 벌하시리라"(10:12).

앗수르에 대한 심판은 10장 33~34절에서 절정에 이른다.

> 보라. 주 만군의 여호와께서 혁혁한 위력으로 그 가지를 꺾으시리니 그 장대한 자가 찍힐 것이요 그 높은 자가 낮아질 것이며 쇠로 그 빽빽한 숲을 베시리니 레바논이 권능 있는 자에게 베임을 당하리라.

하나님이 앗수르의 권능을 찍어 쪼개서 광대한 삼림을 황폐하게 하신 상황에서 이사야는 이새의 줄기에서 난 싹, 즉 메시아의 도래를 예언한다(11:1).

> 이새의 줄기에서 한 싹이 나며 그 뿌리에서 한 가지가 나서 결실할 것이요.

이새는 다윗왕의 아버지다. 따라서 이사야는 사무엘하 7장의 성취, 즉 이새의 싹인 다윗의 자손이 와서 이스라엘과 온 세상을 다스리게 될 것을 예언한다. 이사야서 11장 전체는 다윗의 자손 곧 이새의 싹과 가지에 대해 그리고 그가 다스릴 왕국에 관해 이

존 파이퍼

야기한다.

이사야서 10장은 한 치의 오차도 없이 자연스럽게 11장으로 연결된다. 마치 10장의 사건이 일어난 다음 날 11장의 사건이 이어지는 것 같다. 장의 구분 없이 다시 한번 읽어보자.

쇠로 그 빽빽한 숲을 베시리니 레바논이 권능 있는 자에게 베임을 당하리라. 이새의 줄기에서 한 싹이 나며 그 뿌리에서 한 가지가 나서 결실할 것이요.

이 두 가지 사건 사이에 700년 또는 2,700년의 틈이 존재하리라고는 상상하기 어렵다.

우리가 선지자들보다 유리한 이유

신학교에서 처음 예언서에 대해 배울 때 정말 도움이 되었던 것은 선지자들이 어떤 방식으로 미래를 바라보는가에 관한 설명이었다. 그것은 마치 우리가 먼 데 있는 산과 가까운 데 있는 산을 한꺼번에 하나의 산으로 조망하는 것과 비슷하다. 예를 들면, 내가 사는 패서디나 북쪽에는 윌슨산이 있다. 우리 집에서 보면 하나의 산처럼 보인다. 그러나 실제로 등반을 하거나 답사를 해보면 대략 다섯 개 정도의 다른 산들이 굽이굽이 연결되어 있음을 알게

된다.

이것이 바로 '예언적 관점'이다. 이사야는 미래의 윌슨산을 바라보고 있다. 산헤립 이야기는 가까운 산과 같아서 사건의 시점이 비교적 분명하다(예를 들어, 사 37:29). 그런데 그 너머 이야기들은 멀리 떨어진 산과 같아서 그 시점을 가늠하기가 쉽지 않다. 이처럼 예언서에는 임박한 적의 공격 및 구원에 관한 이야기와 먼 장래의 사건이 반복적으로 기술되는 경우가 많은데, 둘 사이의 시간적 틈은 가늠하기 어려울 때가 많다.

사도 베드로는 이렇게 말한다. "이 구원에 대하여는 너희에게 임할 은혜를 예언하던 선지자들이 연구하고 부지런히 살펴서 자기 속에 계신 그리스도의 영이 그 받으실 고난과 후에 받으실 영광을 미리 증언하여 누구를 또는 어떠한 때를 지시하시는지 상고하니라"(벧전 1:10~11). 다시 말해서, 성령이 선지자들을 감동하게 해서 예언서를 쓰게 했지만, 사건의 전후 경과에 대한 선지자들의 궁금증에는 일일이 답해주지 않았다는 뜻이다. 따라서 선지서를 읽는 우리 역시 모든 궁금증에 대한 답을 얻는 것은 아니다.

하지만 우리가 하나님의 영에 감동된 선지자들보다 오히려 유리한 부분도 있다. 첫째, 우리에겐 모든 선지서가 있어서 서로 비교할 수 있다. 또한 신약성경이 선지서들을 어떻게 다루는지도 볼 수 있다. 둘째, 우리는 2,700년 동안 전개된 사건의 추이를 안다. 따라서 이상하게 들릴지도 모르지만, 우리는 여러 사건의 상관관계와 시점에 대해 오히려 선지자들보다 더 잘 이해할 수 있다.

예언서 연구의 축복

여기서 잠깐 나의 설명과 예언을 곁들여야 하겠다. 우리 세대의 많은 복음주의자는 세대주의 종말론을 너무 혐오하는 나머지 예언서 연구 자체를 도외시하고 말았다. 거의 두 세대에 걸쳐 열정적인 예언서 연구를 찾아보기 힘든 상황이다. 반문화적이고, 극우적이며, 시온주의자처럼 보일까 봐 두려워한 나머지, 적어도 대놓고 예언서 연구에 열정을 보이는 경우는 무척 드물었다.

따라서 감히 예언하건대, 성경을 사랑하는 젊은 복음주의자라면 예언서 연구에 대한 이러한 과잉 반응은 우리 세대의 잘못이었음을 갈파하게 될 것이다. 크리스 톰린은 예수의 재림에 대해 더많은 노래를 부를 것이고, 젊은 학자들은 학계의 비웃음 따위는 아랑곳하지 않고 다니엘서 9장, 마태복음 24장, 데살로니가후서 2장 등에 관해 심도 있는 연구를 해나갈 것이다.

다음으로 나는 이렇게 충고한다. 그렇게 열심히 하면서도 지난 60여 년의 교훈을 망각해서는 안 된다. 우리는 스스로 종말에 관해 예언할 수 없고, 그렇다고 현시대의 여러 문제에만 파묻혀서도 안 된다. 예언서를 통해 분명히 알 수 있는 사실은 모든 예언은 하나님 중심의 의와 희생을 위한 것이며, 모든 고난 특히 영원한 고통을 면하게 하기 위함이라는 사실이다.

이사야 11장에는 난해한 구절, 논란이 되는 부분도 있다. 그러나 그 이상의 풍성하고 확실한 깨달음이 우리를 기다린다.

이사야 11장의 네 가지 흐름

이사야서 11장은 네 부분으로 이루어져 있다. 첫째, 1~5절은 다윗의 자손과 그가 통치하는 왕국을 기술한다. 둘째, 6~9절은 이 왕국이 누릴 평화를 서술한다. 하나님을 아는 지식이 천하를 뒤덮을 것이며, 이리가 어린 양과 함께 누울 것이다(11:6). 셋째, 10절은 열방이 메시아에게 나아오며, 그분이 거하는 곳은 영화로울 것이라고 말한다. 넷째, 11~16절은 이스라엘의 남은 자들이 땅의 네 모퉁이에서 모여든다고 밝힌다(11:12).

첫 번째 부분. 이새의 싹, 다윗 자손의 성격 및 그의 통치 방식 (사 11:1~5)
이사야 11장은 이렇게 시작한다.

> 이새의 줄기에서 한 싹이 나며 그 뿌리에서 한 가지가 나서 결실할 것이요 그의 위에 여호와의 영…이 강림하시리니(1~2).

이 부분은 이사야 61장과 비슷한데, 예수는 누가복음 4장 18절에서 자신을 가리키며 이 구절을 인용했다. "주의 성령이 내게 임하셨으니." 자기가 이 예언의 성취라고 본 것이다. 그가 이새의 줄기에서 난 싹이었다.
이사야 11장 2절은 이렇게 이어진다.

… 곧 지혜와 총명의 영이요 모략과 재능의 영이요 지식과 여호
와를 경외하는 영….

지혜와 총명은 좋은 모략을 수립하고 재능$_{might}$으로 다스릴 수
있게 하는 기반이다. 또한 모든 모략과 힘은 여호와를 알고 그를
경외하며, 여호와를 아는 지식과 경외함으로 온 땅을 뒤덮으려는
데 목적을 둔다. 따라서 이새의 싹은 반역한 세상을 돌이켜 다시
하나님을 알고 경외하게 하는 데 필요한 모든 것을 갖추고 있다.

3절은 이렇게 말한다. "그가 여호와를 경외함으로 즐거움을 삼
을 것이며." 얼마나 멋진 말인가! 세상 정서와는 정반대다. 하나님
을 경외함이 그의 기쁨이다. 하나님을 노엽게 하는 끔찍함 앞에서
전율하는 것이 그의 기쁨이다. 따라서 그의 심판은 전적으로 신뢰
할 만하다. 이사야는 계속 말한다.

그의 눈에 보이는 대로 심판하지 아니하며 그의 귀에 들리는 대
로 판단하지 아니하며 공의로 가난한 자를 심판하며 정직으로
세상의 겸손한 자를 판단할 것이며 그의 입의 막대기로 세상을
치며 그의 입술의 기운으로 악인을 죽일 것이며 공의로 그의 허
리띠를 삼으며 성실로 그의 몸의 띠를 삼으리라(11:3b~5).

그는 사람을 외모나 다른 사람의 평가로 판단하지 않는다. 그
의 기쁨은 여호와를 경외함에 있고, 사람을 두려워하지 않는다.

따라서 그의 통치는 공정하다. 압제받는 의인은 구원을 얻을 것이며, 악인은 죽임을 당할 것이다. 바울은 데살로니가후서에서 11장 4절("그의 입술의 기운으로 악인을 죽일 것이며")을 이렇게 인용한다. "그때에 불법한 자가 나타나리니 주 예수께서 그 입의 기운으로 그를 죽이시고"(살후 2:8). 이는 예수의 재림에 관한 언급이다. 이를 통해 볼 때, 이사야서 11장 1~5절은 예수의 초림과 재림을 모두 이야기하고 있으며, 두 사건 사이의 시간적 간극에 대해서는 언급이 없다. 이는 마치 왕이신 예수의 초림과 재림이라는 산들을 그리스도의 통치라는 하나의 산맥으로 보는 것과 같다. 이후에 전개될 사건들과 계시를 통해서만 그 전모를 이해할 수 있다.

두 번째 부분. 그리스도 왕국의 평화(사 11:6~9)
이사야 11장 6~9절에는 이런 그림이 나온다.

그때에 이리가 어린 양과 함께 살며 표범이 어린 염소와 함께 누우며 송아지와 어린 사자와 살진 짐승이 함께 있어 어린아이에게 끌리며 암소와 곰이 함께 먹으며 그것들의 새끼가 함께 엎드리며 사자가 소처럼 풀을 먹을 것이며 젖 먹는 아이가 독사의 구멍에서 장난하며 젖 뗀 어린아이가 독사의 굴에 손을 넣을 것이라. 내 거룩한 산 모든 곳에서 해 됨도 없고 상함도 없을 것이니 이는 물이 바다를 덮음같이 여호와를 아는 지식이 세상에 충만할 것임이니라.

과격하리만치 새로운 세계가 펼쳐진다. 요점은 9절에 요약되어 있는데, 처음엔 부정적으로 다음엔 긍정적으로 표현된다.

내 거룩한 산 모든 곳에서 해 됨도 없고 상함도 없을 것이니.

짐승이나 아이를 다치게 하거나 해치는 세력은 사라질 것이다. 어떻게? 다음을 보자(이는 실제 히브리어 구조상 기본절에 해당한다).

이는 물이 바다를 덮음같이 여호와를 아는 지식이 세상에 충만할 것임이니라.

이사야는 지금 지상 왕국을 묘사하고 있다. 이 왕국은 짐승까지 아우른다. 짐승조차 하나님을 아는 지식에 따라 행동할 것이다. 하나님을 아는 지식이 땅에 편만하면, 더 이상 지식이 억압받지 않는다(롬 1:18처럼). 자연조차 심오하고 전격적으로 변화된다. 왕의 영 곧 지혜와 여호와를 경외함이 강력하게 실재함으로써 하나님을 아는 지식이 세상에 충만해지고, 모든 것이 변화된다.

언제 그렇게 될 것인가? 이사야 65장 25절에서 이 예언이 다시 한번 반복된다(사 11:9와 비교해보라).

이리와 어린 양이 함께 먹을 것이며 … 나의 성산에서는 해함도 없겠고 상함도 없으리라. 여호와께서 말씀하시니라.

이 구절은 다음과 같이 시작되는 이사야 65장 문단의 절정에 해당한다.

보라. 내가 새 하늘과 새 땅을 창조하나니 이전 것은 기억되거나 마음에 생각나지 아니할 것이라(65:17).

따라서 이리와 어린 양이 함께 풀을 뜯고, 아이가 독사 굴에 손을 넣는 장면은 새 하늘과 새 땅에 대한 묘사다.

그런데 그 시점을 파악하는 데 어려움이 있다. 이사야에 나오는 새 하늘과 새 땅에 대한 묘사(65:17~25)를 보면, 중간 부분에 해당하는 20절에서 독사와 노는 아이는 해를 받지 않고 천수를 누린 후 죽는다.

거기는 날 수가 많지 못하여 죽는 어린이와 수한이 차지 못한 노인이 다시는 없을 것이라. 곧 백 세에 죽는 자를 젊은이라 하겠고 백 세가 못 되어 죽는 자는 저주받은 자이리라.

자, 새 땅에선 짐승이 서로 죽이지 않고, 아이도 일찍 죽지 않는다. 그들은 모두 장수하며, 여호와를 아는 지식이 충만해지고, 아주 오래 산 다음에야 죽는다. 그들 가운데는 죄인들도 있는데, 이들도 꽤 장수하지만 결국 저주를 받는다(65:20).

이것을 어떻게 이해해야 할까? 죽음과 죄가 공존하는 새 땅일까? 한 가지 해결책은 이러한 묘사를 비유적으로 해석하는 것이다(무천년설의 보편적 설명). 이 묘사가 진정으로 지향하는 것은 죄와 죽음이 없는 최후의 상태. 또 다른 해결책은 이러한 묘사가 구속 역사라는 거대한 산맥 속에 위치한 또 하나의 봉우리라고 주장하는 것이다(전천년설의 주장). 여기에선 이리와 어린 양이 함께 눕고, 어린아이가 죽음을 맞이하지 않지만, 죽음과 죄는 아직 완전히 제거되지 못한 상태다.

저명한 주석가들의 눈물겨운 해설도 여럿 읽어보았다. 아이가 백 세에 죽는다는 표현은 은유로서, 사람이 다시는 죽지 않을 것임을 표현한 것이라고 그들은 본다. 어떤 전문가는 이렇게 말한다. "우리가 이해할 능력이 없는 부분은 우리가 아는 것을 통해서만 이해 가능하다. … 이것은 은유다." 하지만 나는 그렇게 보지 않는다. 이러한 주장의 문제점은 우리에게는 이사야의 말을 이해할 능력이 있다는 사실이다. 이것은 우리가 이해할 수 있는 영역 밖의 표현이 아니다. 또한 "백 세에 죽는 자는 젊은이"라는 표현을 은유라고 해도, 어떻게 이 은유가 더 이상 죽음이 없으리라는 뜻으로 해석될 수 있는지 이해하기 힘들다. 다시는 죽지 않는다는 사실에 대한 효과적인 은유로 보이지 않는다.

따라서 나는 이렇게 제안한다. 이사야 65장 17절에서 "보라. 내가 새 하늘과 새 땅을 창조하나니[בּוֹרֵא, 능동 분사형]"라는 말씀은 하나님이 새 하늘과 새 땅을 단계적으로 창조하신다는 뜻이라고 본다. 땅이 새롭게 됨은 단번에 이루어지지 않는다. 메시아의 초림이 최종 구속의 첫 단계를 열었다. 메시아의 재림은 이사야 65장 17~25절에 기록된 또 다른 단계를 열 것이며, 마지막 단계에서는 죄 없고 죽음 없는 완벽한 창조 상태가 이루어질 것이다.

나와 같은 역사적 전천년 신봉자들은 천년왕국의 상태를 설명하려고 무리한 상상력을 동원하고, 무천년 신봉자들은 화려한 주해를 통해 예수의 재림 후에는 천년왕국이 존재하지 않음을 설명하려고 갖은 애를 쓴다. 이런 이유 때문에 〈가스펠 코울리션〉Gospel Coalition은 설립 기반이 되는 교리 속에 천년왕국을 포함하지 않았다. 잘한 결정이라고 본다. 윌슨산 정상에 이르기까지 그 도중에 얼마나 많은 봉우리가 있는지에 대해서는 동의하지 않는다 할지라도, 구속 역사가 완성되면 더 이상 죽음도 죄도 없을 것이며, 새 땅에서 사자와 어린 양이 함께 눕고, 예수가 왕이 되리라는 사실만은 확실히 동의할 수 있다.

세 번째 부분. 열방이 메시아에게 나아올 것이며 그가 거한 곳은 영화로울 것이다(사 11:10)
이사야 11장 10절은 말한다.

그날에 이새의 뿌리에서 한 싹이 나서 만민의 기치로 설 것이요 열방이 그에게로 돌아오리니 그가 거한 곳이 영화로우리라.

바울은 로마서에서 이 구절을 인용하면서, 이방인에 대한 자신의 사역 속에서 이 말씀이 실제로 이루어지고 있음을 이야기한다(15:12). 하나님은 세상 열방이 메시아 왕국의 일부가 되길 원하신다. 이새의 뿌리는 열방을 향한 신호가 된다. 열방아, 어서 와서 메시아를 찾아라. 그가 거하시는 곳은 영화로우시다. 그는 너희를 환영하실 것이다. 그에게 속하라.

네 번째 부분. 땅 사방에서 이스라엘의 남은 자를 모으다(사 11:11~16)

여기서 이사야서 11장 11~16절을 상세히 살피지는 않겠다. 대신 열방에 흩어진 이스라엘의 남은 자를 주목하려 한다. 11절은 말한다. "그날에 주께서 다시 그의 손을 펴사 그의 남은 백성을 앗수르와 애굽과 바드로스와 구스와 엘람과 시날과 하맛과 바다 섬들에서 돌아오게 하실 것이라." 여기서 '다시'라는 표현은 아마도 출애굽 사건을 말하는 것 같다. 16절에서 출애굽에 대한 언급이 나온다. 또한 11절의 '돌아오게 하다'recover로 표현된 단어는 하나님이 출애굽 사건에서 이스라엘을 '사셨다'(출 15:16)로 표현한 단어와 같다.

이사야 11장 12절은 말한다.

여호와께서 열방을 향하여 기치를 세우시고 이스라엘의 쫓긴 자들을 모으시며 땅 사방에서 유다의 흩어진 자들을 모으시리니.

열방은 메시아의 기치旗幟를 보고 돌아올 뿐 아니라, 이스라엘의 회복을 방해하지 않으며 오히려 기뻐할 것이다. 나는 어떻게 이 말씀이 로마서 11장과 연결되는지를 좀 더 이야기하고 싶지만, 지면에서 모두 소화하기에는 벅찰 것으로 생각한다.

이사야 11장 15~16절은 주께서 초강대국 애굽에서처럼 앗수르에도 대로를 내실 것이라고 말한다. 이는 세상 권력이 주께서 이 세상에 최종적으로 작정하신 것을 막지 못한다는 사실을 보여 준다. 세 가지를 적용하면서 글을 맺고자 한다.

세 가지 적용

첫째, 예수는 이새의 줄기에서 난 싹이며, 오늘도 열방을 구하기 위해 하나님이 보내시는 구원의 신호다. 그분을 높이 들자. 이사야 11장 10절은 말한다. "그날에 이새의 뿌리에서 한 싹이 나서 만민의 기치로 설 것이요 열방이 그에게로 돌아오리니 그가 거한 곳이 영화로우리라." 바울은 예수 그리스도를 모르는 이방 나라로 부르심을 받았다. 로마서 15장 8~9절에서 그는 말한다. "그리스도께서 하나님의 진실하심을 위하여 할례의 추종자가 되셨으니 이는 조상들에게 주신 약속들을 견고하게 하시고 이방인들도 그 긍휼하심으로 말미암아 하나님께 영광을 돌리게 하려 하심이라." 그런 후에 칠십인역에서 이사야 11장 10절을 인용한다.

이새의 뿌리 곧 열방을 다스리기 위하여 일어나시는 이가 있으리니 열방이 그에게 소망을 두리라(롬 15:12).

이것이 바로 우리 시대를 향한 의미다. 그리스도는 열방을 다스리신다. 20세기는 역사상 기독교회가 가장 확장된 세기다. 유럽과 캐나다, 호주는 세속화를 거치며 급격히 교세가 감소했지만, 남아메리카, 아프리카 그리고 아시아는 유례없는 성장을 보였다. 미국이 유럽 열강의 뒤를 이어 세속화의 길로 들어서서 열방을 향한 하나님의 위대한 계획에서 떨어져 나갈 것인지는 나도 잘 모르겠다. 하나님은 우리에게 빚진 것이 없으시다.

내가 아는 한 가지는 미국 교회에 아직 여력이 있을 동안에 남은 힘을 모두 열방을 위해 쏟아야 한다는 것이다. 아직도 이 세상엔 다가가야 할 사람들이 남아 있다. 지금은 위대한 예언이 성취되는 때다. 이새의 싹이라는 기치, 즉 죽으시고 다시 사신 예수 그리스도의 이름이 열방 가운데 높이 들리고 있으며, 열방이 구세주에게로 나아오고 있다. 당신도 마지막 남은 기운까지 모두 끌어모아 열방을 향한 기치를 높이 드는 데 동참하기를 기도한다.

둘째, 이새의 싹은 진리로 심판하며, 그의 백성이 의와 진리의 백성이 되기를 바란다. 이사야 11장 3~4절은 말한다.

… 그의 눈에 보이는 대로 심판하지 아니하며 그의 귀에 들리는

대로 판단하지 아니하며 공의로 가난한 자를 심판하며….

예수는 요한복음 7장 24절에서 이 표현을 사용한다. "외모로 판단하지 말고 공의롭게 판단하라." 예수는 자기의 됨됨이에 대한 예언을 통해 우리가 어떤 사람이 되어야 할 것인지를 이야기한다. 바울이 에베소서 6장 14절("그런즉 서서 진리로 너희 허리띠를 띠고 의의 호심경을 붙이고")을 말할 때 같은 일을 했다. 이사야 11장 5절에 나온 이새의 싹이 매는 공의의 허리띠는 우리가 매야 할 진리의 허리띠가 된다.

하나님은 이새의 싹을 통해 우리가 진리와 공의의 백성이 되기를 원하신다. 우리는 외모로 판단하지 않는다. 인종적 차이가 유죄와 무죄를 결정하지 않는다. 돈 많은 기업인이나 제복 입은 경찰이라고 해서 특혜를 받지 않는다. 이새의 싹은 우리에게 책망할 것 없는 진리의 사람이 될 것을 요구한다. 그는 우리가 모든 거래와 홍보 과정에서 정보를 오도하지 않도록 각별하게 주의하라고 한다. 우리는 자기가 쓴 글에만 자기 이름을 올리고, 다른 사람의 글이나 생각을 인용할 때는 그들의 이름을 적시해야 한다. 이윤을 남기거나 영혼을 구한다는 명목으로 세상의 부정직한 방법을 따르지 말아야 함은 물론이다.

또한 우리는 다른 사람을 판단하기 전에 사실관계를 명확히 밝혀야 한다. 우리는 선입견으로 성급히 판단하지 않는다. 정말 사실이 그러한지 사람들에게 직접 물어보아야 한다. 우리는 이새의 싹을 본받을 것이다.

우리가 그렇게 하는 이유는 그분이 진리이며, 우리는 진리의 백성이기 때문이다. 진리의 띠가 모든 것을 하나로 묶는다. 이새의 뿌리는 어떻게 인간의 칭찬에서 자유로울 수 있었으며, 외모와 소문을 신뢰하지 않을 수 있었을까? 이사야 11장 3절은 말한다. "그가 여호와를 경외함으로 즐거움을 삼을 것이며." 바로 이것이다. 그가 눈에 보이는 것이나 귀에 들리는 것으로 사람과 사건을 판단하지 않는 것은 이런 이유 때문이다. 그는 사람의 외모나 여론에 위축되거나 유혹받지 않았다. 그는 전적으로 진리에 의지해서 살았다. 사람의 얼굴을 바라보지 않았다. 사람들의 인정을 갈구하지 않았다. 그는 하나님을 경외함으로써 충분히 만족할 수 있었다. 그것이 바로 진리의 사람이 되는 열쇠다.

셋째, 예수 그리스도의 영광이 우리의 최종 고향이다. 예수는 계시록에서 이사야 11장의 진리를 어떻게 끄집어내는가? 그는 이사야 11장 1절("이새의 줄기에서 한 싹이 나며")과 10절("이새의 뿌리에서 한 싹이 나서")에서 자기 정체성을 찾았고, 이를 계시록 22장 16절에서 이렇게 표현했다. "나 예수는 … 다윗의 뿌리요 자손이니 곧 광명한 새벽 별이라." 그는 단순히 다윗의 자손일 뿐 아니라, 또한 다윗의 뿌리다(사 11:10). 그는 다윗의 원천이자 자손이다. 그는 다윗의 조상이자 후손이다. 그는 시작과 나중이다.

예수의 자기 정체성(마 22:45, "다윗이 그리스도를 주라 칭하였은

즉 어찌 그의 자손이 되겠느냐")과 선재하심(요 8:58, "아브라함이 나기 전부터 내가 있느니라"), 그리고 다윗 자손으로서의 성육신(눅 1:32)은 바리새인들을 당혹스럽게 했다.

마침내 고향에 들어가다

—

이 하나님-사람God-man의 운명은 어떻게 될까? 이사야 11장 10절은 선포한다. "그날에 이새의 뿌리에서 한 싹이 나서 만민의 기치로 설 것이요 열방이 그에게로 돌아오리니 그가 거한 곳이 영화로우리라." 모든 심판과 구원 역사를 마치면, 그분은 마침내 최종 고향인 그의 거처로 들어갈 것이다. 그때 그의 모습은 한 마디로 '영광'으로 표현된다. 이것은 그의 아름다움, 지혜, 이해, 조언, 힘, 기쁨, 의, 자비를 모두 아우르는 표현이다.

또한 영광은 그가 이룬 모든 일의 총합이다. 열방의 모임, 이스라엘의 회복, 저주의 제거, 새 하늘과 새 땅, 해가 없음, 멸망 없음 등을 모두 아우른다. 이것이 바로 그가 거할 곳이다. 그 이름은 '영광'이 될 것이며, 그가 중심이 될 것이다. 그의 기치를 보고 찾아온 모든 자에게는 더 이상 슬픔이 없을 것이며, 그 안에서 모든 기쁨이 완성될 것이다. 우리는 마침내 고향에 들어갈 것이다.

아멘. 주 예수여, 오시옵소서.

존 파이퍼

3

D. A. 카슨

주님이 거기 계신다

에스겔 40~48장

D. A. Carson

3

"에스겔 40~48장을 도대체 어떻게 오늘날 기독교회에 적용할 수 있을까?" 의미 있는 질문이다. 그런데 이보다 더 깊이 있는 질문이 있다. "어떻게 이 아홉 장을 내면화하고 내 것으로 소화할 수 있을까? 어떻게 하면 에스겔이 보았던 비전을 다시 떠올리고, 에스겔이 독자에게 기대했던 반응을 보일 수 있을까?"

달리 말해서, 우리의 임무는 그저 바른 해석을 이끌어내는 것이 아니다. 물론 그것도 나름대로 의미 있지만, 그보다 우리는 성경 텍스트 속으로 들어가서 본문이 던지는 도전을 몸소 경험해야 한다. 즉, 이 묵시적 텍스트를 통달하기보다는 이 텍스트에 의해 삶이 변화되는 것이 목표다.

이는 다섯 단계로 이루어진다. 처음 두 단계는 사전 정보를 다루고, 다음 세 단계에서 본문의 정수를 다룰 예정이다.

1단계. 에스겔 40~48장 개요

—

최근에 이 본문을 읽어보지 않은 사람도 있고, 심지어 평생 읽지 않고 지나치는 사람도 있을 것이다. 성경에서 그다지 잘 알려진 부분은 아니다. 인내심을 갖고 본문의 개요를 살펴보자.

1. 환상이 주어짐(40:1~4). 시간 배경은 예루살렘의 멸망(기원전 586년)으로부터 14년이 흐른 기원전 572년경이다. 북이스라엘의 지도자들은 이미 150여 년 전에 앗수르에 의해 추방당했다(기원전 722년). 기원전 597년에는 남유다의 관료 일부가 귀족 및 제사장들과 함께 바벨론으로 추방되어 그발강가에 정착했다. 어린 에스겔도 그 무리 중에 있었다. 그로부터 약 4년 후인 기원전 593년에 에스겔은 하나님께 환상을 받기 시작했다. 예루살렘이 멸망한 기원전 587/586년까지 환상은 계속되었다. 에스겔이 환상을 통해 받은 메시지의 요지는 대략 다음과 같다. "예루살렘은 갈 때까지 갔다. 이제 하나님의 심판이 임했다. 철저히 파괴될 것이다. 다윗 왕조는 끊어질 것이며, 성전은 파괴될 것이다."

에스겔처럼 바벨론으로 끌려간 이스라엘 백성에게 이러한 선포는 어떻게 다가왔을까? 만약 에스겔의 말이 사실이라면, 그들에게는 더 이상 돌아갈 고향이 없다. 이러한 임박한 심판에 대한 경고는 에스겔 33장까지 이어진다. 그 시점에서 누군가가 성전이 함락되었으며 예루살렘이 파괴되었다는 소식을 바벨론에 전해온다.

D. A. 카슨

그 이후 에스겔의 메시지는 긍정적으로 바뀌며, 절망에 빠진 백성에게 소망과 약속의 말씀을 전한다. 우리가 살펴볼 에스겔 40~48장은 소망을 불러일으키는 내용이 주를 이룬다.

2. 성전 지대의 회복(40:5~40:47). 새 성전 건축이 있기 전에 먼저 성전 지대의 회복이 선행되어야 한다.

3. 새 성전에 대한 묘사(40:48~41:20). 40장 48절에서 41장 끝까지에는 새 성전에 관한 묘사가 나온다. 새 성전은 방대한 규모이며, 고대 성막과 솔로몬 성전을 닮았다. 성전은 길이가 너비의 세 배이다. 성소는 길이가 너비의 두 배이며, 지성소는 한쪽 끝 휘장 뒤에 있는데, 그 평면도는 정사각형이다. 사실 이 지성소는 완벽한 육면체로서 높이와 너비와 길이가 모두 같다.

4. 제사장을 위한 방들(42장). 제사장들은 이 방에서 제사를 준비하고, 희생제물을 먹으며, 예복을 갈아입는다. 제사장들은 바깥마당에서 예복을 입지 못하게 되어 있다. 그들은 거룩한 것과 속된 것을 구별해야 했다.

5. 영광이 돌아오고 제단이 회복되다(43장). 이 장은 두 부분으로 나뉜다. 첫째, 영광이 돌아온다. 에스겔의 초기 환상을 기억해야 한다. 심판과 임박한 멸망의 환상 속에서 하나님의 영광은 예루살렘을 떠났다(10~11장). 이제 떠났던 영광이 새로 건축된 성전으로 돌아온다. 또한 43장 13~27절에서 제단이 회복되는데, 이는 하나님께 희생 제사를 드리는 곳이다. 이곳에서 아침과 저녁제사가 드려지며, 속죄일 제사, 유월절 제사, 특별한 속죄제 등이

드려진다.

6. 제사장직이 회복되다(44장). 44장은 제사장직의 의례 회복에 초점을 맞춘다. 누가 제사장이 될 수 있는지에 관한 까다로운 조건이 상세히 열거된다. 제사장은 아론 가문으로서 사독의 후손이어야 한다. 또한 두드러지는 범죄 사실이 없으며 순전한 자여야 한다.

7. 이스라엘이 회복되다(45~46장). 하나님의 백성을 새롭게 하기 위한 노력이 단계적으로 실행된다. 에스겔 45장 9~10절은 말한다. "나 주 하나님이 말한다. 너희 이스라엘의 통치자들아, 이제는 그만하여라. 폭행과 탄압을 그치고, 공평과 공의를 실행하여라. 내 백성 착취하는 일을 멈추어라. 나 주 하나님의 말이다. 너희는 정확한 저울과 정확한 에바와 정확한 밧을 써라"(새번역). 즉, 정부와 군주, 제왕은 공의를 시행해야 한다. 부당한 거래, 불공정한 저울, 압제와 폭정은 없어져야 한다. 에스겔 45장 17절은 말한다. "군주의 본분은 번제와 소제와 전제를 명절과 초하루와 안식일과 이스라엘 족속의 모든 정한 명절에 갖추는 것이니…." 그들은 자기와 백성의 삶을 정돈해서 짐승과 나무와 장비 등 제사에 필요한 것들이 준비되도록 해야 한다. 성전 예식을 준행하는 것은 중차대한 일이기에 왕의 영도 아래에 모든 사람이 힘을 모아야 한다. 또한 21절은 이렇게 말한다. "첫째 달 열나흗날에는 유월절을 칠 일동안 명절로 지키며 누룩 없는 떡을 먹을 것이라." 즉, 예루살렘이 멸망하면서 중단된 절기를 다시 회복해야 한다.

D. A. 카슨

8. 성전에서 흘러나오는 강(47:1~12). 장관을 이루는 극적인 모습이 암시적이고 은유적으로 묘사된다.

9. 땅 분배의 경계(47:13~48:35a). 에스겔 47장 13절에서 48장 끝부분까지 땅을 분배하는 경계가 기술되는데, 매우 정교하게 도식화되어 있다.

10. 예루살렘이 새 이름을 얻다(48:35b). 마침내 예루살렘의 새 이름이 '여호와삼마', 즉 "하나님이 거기 계신다"로 등장한다.

이상이 에스겔서의 개요다.

2단계. 에스겔 40~48장의 해석

—

이제는 대표적인 해석들을 살펴보자. 예상대로, 현저한 차이를 확인할 수 있다. 그중에서 두드러진 네 가지를 알아본다.

문자적 단기 예언

이 견해는 에스겔 40~48장을 문자적이고 예언적이며 단기적인 사건으로 해석한다. 이스라엘이 추방에서 풀려나 고향으로 돌아와서 새로 짓게 될 성전의 청사진을 소개한 것이라고 본다. 만일 그렇다면, 그 이상은 아직 실현되지 못한 상태다.

전체 환상이 하나의 덩어리라는 사실이 더욱 중요하다. 에스겔 40~48장은 하나의 묶음이며, 이 통일된 비전 속에는 다수의 뚜

렷한 상징 요소가 들어 있다. 예를 들어, 성전의 남쪽 면에서 시작되는 작은 개울은 문득 발목에서 무릎 그리고 허리까지 차오른다. 이는 아라바로 흐르는데, 여리고를 거쳐 사해로 흘러들어 간다. 사해에 다다른 물은 사해를 담수로 바꾼다. 이러한 설명을 문자적으로 해석할 사람은 별로 없다. 또한 일부 경계와 국경선은 비현실적임을 쉽게 확인할 수 있다. 결국 에스겔 40~48장에 나오는 환상에는 어느 정도 상징적 요소가 들어 있기에, 이를 문자적으로 해석하는 견해에 선뜻 동의하기는 쉽지 않다.

상징적 해석

또 다른 해석은 이 장들이 신약시대에서 새 하늘과 새 땅에 이르기까지 교회를 상징적으로 묘사하고 있다고 본다. 이 예언은 지금 교회를 통해 이루어지고 있으며, 장차 완성될 것이다. 이러한 해석은 어느 정도 타당하다고 볼 수 있지만, 직접 교회와 연결하는 것은 무리가 있다.

세대주의적 해석

이 해석은 첫 번째 해석과 유사한 면이 있다. 다만 이 예언의 성취가 추방 이후 고향으로 돌아간 이스라엘에 의해 이루어졌다고 보는 대신에, 이 세상이 끝날 때, 즉 천년왕국에서 문자적으로 이루어진다고 본다. 가령 스코필드 성경은 이렇게 말한다. "이스라엘은 왕국 시대에 그 땅에 있다." 결국 문자적 성취로 해석하지

D. A. 카슨

만, 단기적 성취는 아니다.

그러나 예수 이후 수천 년이 지난 후에 성전이 재건축되고 성전 의식과 예식이 회복되리라는 해석은 선뜻 받아들이기 어렵다. 예수의 죽으심과 부활, 그리스도의 제사장 사역은 이미 끝났는데 어떻게 그것이 가능할까? 히브리서가 있는데 그런 해석이 가능할까? 세대주의자는 이렇게 대답할지 모른다. "여기에 나오는 성전, 제사, 제사장직 등의 제도는 그리스도와 그의 십자가를 되돌아보는 것이다. 이는 마치 구약에서 이런 제도가 그리스도와 그의 십자가를 바라보는 것과 마찬가지다. 따라서 그리스도와 그 십자가의 유일성을 훼손하는 것이 아니다." 그러므로 개혁주의 전통을 따르는 사람은 그들(세대주의자)이 인정하지 않는 사실에 근거해 이런 주장을 비판하지 않도록 주의해야 한다. 물론 나는 개인적으로 이 해석에 동의하지 않는다. 히브리서는 예수를 멜기세덱의 반차를 좇은 새로운 대제사장으로 선포한다. 레위 제사장직은 이미 지나갔다(히 8:13). 또한 본문은 팔레스타인 성전이 아니라 하늘의 성전을 말하고 있다. 뿐만 아니라 히브리서 9장에 나오는 그리스도의 제사는 궁극적인 속죄일 제사를 가리키고 있다.

이러한 제사가 그들 주장대로 천년왕국에서 이루어진다고 해도, 그것이 유효한 것은 아니다. 진정 효력 있는 그리스도의 제사로 인해 기존 제사가 폐지된 후에 다시 제사를 소개하는 것도 자연스럽지 않다. 더욱이, 새 언약에서 예수는 세상 끝날까지 중요하다고 여겼던 성만찬(혹은 성찬)이라는 예식을 확립하셨다. 이는

교회가 예수의 십자가를 기억하고 언약의 맹세를 재확립하게 하
는 예식으로서 현재진행형인 기념 의식이다. 세대주의적 해석 역
시 문자적 해석과 같은 문제점을 지닌다. 즉, 상징적이고 종말론
적인 환상을 제대로 해석해내지 못한다.

예언적-묵시적 해석

네 번째 해석법은 예언적-묵시적 해석이다. 내가 앞으로 말하
려는 내용은 대부분 앞서 말한 해석 방법의 하나에 통합될 수도
있다. 하지만 이대로 따로 보는 것이 최선이라고 생각한다. 에스
겔서는 여느 예언서와는 다른 성격을 띠는데, 구약 예언서가 지닌
특성도 보이면서 묵시서의 특성도 있다. 그렇기에 이를 예언적-
묵시적 해석이라 부를 수 있다. 구약에서 다니엘서의 일부가 그러
하다. 또한 이사야서 중에 넉 장도 이사야 묵시서로 불리기도 한
다(24~27장). 신약에서는 요한계시록 역시 묵시서 또는 예언적 묵
시서로 불린다.

이 네 번째 해석법은 두 번째 해석법과 일정한 유사점을 보인
다. 두 번째 해석법은 교회가 에스겔서 40~48장에 나오는 모든
상징을 성취한다고 본다. 네 번째 해석법은 여기서 한 걸음 물러
선다. 에스겔은 장차 올 메시아 시대에 관한 환상을 받았고, 이는
에스겔 시대보다 미래에 속한 것이지만 에스겔 시대에 존재한 범
주에서 비롯됐다고 설명한다. 즉, 에스겔 40~48장의 환상은 그리
스도가 오시기 전 6세기경의 옛 언약에 속한 언어로 쓰였다. 이는

장차 다가올 새 언약의 복을 담고 있을 뿐이다. 누군가는 이렇게 말했다. "성전 환상은 곧 다가올 시대에 하나님이 자기 백성을 위해 하려는 것, 하나님이 요구하시는 것, 하나님이 나타내려 하신 것들의 현현이라 할 수 있다."[1]

이에 대해서는 다음 단계에서 좀 더 설명한다.

3단계. 에스겔 1~39장

—

에스겔 40~48장을 공부하기에 앞서, 에스겔 1~39장 내용을 살펴보는 것이 유익하다. 대략 몇 가지 요점만 짚어보겠다.

산헤립은 기원전 8세기 앗수르의 제왕으로서 열 지파가 모인 북이스라엘을 멸망시킨다. 다음으로 두 지파 남유다의 수도 예루살렘을 파괴하려 하지만, 하나님은 이를 저지하신다. 수많은 앗수르 군대가 죽었다. 이후 앗수르는 다시는 예루살렘을 넘보지 못했다. 사실 에스겔이 붓을 들 무렵, 앗수르 제국은 이미 존재하지 않았다. 대신 바벨론이 새로운 패자로 떠올랐다.

이스라엘 멸망 후 140여 년이 흐른 시점이었다. 선지자 에스겔은 예루살렘에서 사역하던 예레미야와 동시대 인물이다. 에스겔은 바벨론에 끌려간 사람들에게 설교한다. 그들의 사역 대상은 달랐지만, 메시지는 비슷했다. 예루살렘 백성의 죄 때문에 예루살렘이 멸망하리라고 경고했다. 그러나 죄는 오히려 더 넘쳐났고, 하나님과 그분의 말씀은 철저히 무시당했다. 부패, 우상숭배, 권력다툼, 포학, 폭음, 향락주의, 도덕적 상대주의가 만연했다. 사람들은 점점 더 공개적으로 죄를 범했고, 동시에 바벨론 제국의 패권주의 역시 점점 팽창해갔다. '예루살렘은 징벌을 면치 못할 것이다.' 예루살렘 주민의 패악으로 예루살렘 역시 파멸을 면치 못할 처지였다. 바벨론에서 탈출하여 예루살렘으로 돌아가기를 갈망했던 유배자들에게 에스겔이 전하는 하나님의 말씀은 청천벽력이었다.

추방당한 자들은 이 말씀을 받아들일 수 없었다. 어떻게 하나님이 예루살렘을 포기한단 말인가? 예루살렘은 위대한 왕의 도시다. 지금까지 하나님은 기적적으로 이 성읍을 보호해왔다. 산헤립의 이야기(열왕기하 17장)를 다시 읽어보자. 예전에 기적적으로 이 도시를 살려주었던 하나님은 자기 이름을 위해서라도 한 번 더 자비를 베풀지 않으실까? 또한 그분은 다윗의 자손이 영영 왕위에서 끊어지지 않으리라고 약속하지 않으셨던가? 어떻게 이 성읍이 멸망하고 다윗 가문은 끊어질 수 있단 말인가? 뿐만 아니라, 예루살렘에는 성전이 있다. 여기에서 하나님은 자기 백성을 만나며, 자신을 드러내신다. 하나님이 정한 제사를 통해 살아계신 하나님을 뵙는 곳이기도 하다. 정말 하나님이 이 성읍을 버리실 수 있을까? 이는 자신의 언약 백성을 버리는 것이며, 생각지도 못할 일이다. 그러나 에스겔 1~7장에서 에스겔의 메시지는 한결같다. "너희는 알아듣지 못하는구나. 그들은 상상 이상으로 사악하다. 하나님도 참을 만큼 참았다. 심판은 이미 정해졌다."

그다음 에스겔 8~9장이 이어진다. 예루살렘에서 자행되는 우상숭배의 실태는 실로 끔찍한 수준이다. 부패한 예배의 실상을 알고 싶은가? 8장 5절부터 보자. 에스겔 8장에서 에스겔 선지자는 그발강가의 집에서 7백 마일(약 1,120킬로미터) 떨어진 예루살렘까지 공간 이동을 경험한다(바울의 표현을 빌자면, 에스겔이 몸 안에 있었는지, 몸 밖에 있었는지는 확실하지 않다). 거기에서 그는 횡행하는 우상숭배의 민낯을 생생하게 목격한다.

에스겔 8장 5절은 말한다. "그가 내게 이르시되 인자야 이제 너는 눈을 들어 북쪽을 바라보라 하시기로 내가 눈을 들어 북쪽을 바라보니 제단문 어귀 북쪽에 그 질투의 우상이 있더라." 여기에서 "질투의 우상"이 무엇인지는 알 수 없다. 그것이 무엇이든, 하나님의 질투를 격발한 우상이 틀림없다. 모세 율법은 이렇게 선언한다. "너희의 하나님 여호와는 질투하시는 하나님이신즉"(신 6:15). 그분은 다른 신을 용납하지 않으신다. 살아계신 하나님 오직 한 분만 섬겨야 한다. 그 외의 것은 다 우상숭배다.

에스겔 8장 6절은 말한다. "그가 또 내게 이르시되 인자야 이스라엘 족속이 행하는 일을 보느냐 그들이 여기에서 크게 가증한 일을 행하여 나로 내 성소를 멀리 떠나게 하느니라." 사실상 하나님은 이렇게 말하신다. "거룩함이 있는 곳에는 나도 있고, 죄가 관영하면 나는 떠난다. 거룩과 죄는 공존할 수 없다."

너는 다시 다른 큰 가증한 일을 보리라 하시더라. 그가 나를 이

끌고 뜰 문에 이르시기로 내가 본즉 담에 구멍이 있더라. 그가 내게 이르시되 인자야 너는 이 담을 헐라 하시기로 내가 그 담을 허니 한 문이 있더라. 또 내게 이르시되 들어가서 그들이 거기에서 행하는 가증하고 악한 일을 보라 하시기로 내가 들어가 보니 각양 곤충과 가증한 짐승과 이스라엘 족속의 모든 우상을 그 사방 벽에 그렸고 이스라엘 족속의 장로 중 칠십 명이 그 앞에 섰으며 사반의 아들 야아사냐도 그 가운데에 섰고 각기 손에 향로를 들었는데 향연이 구름처럼 오르더라. 또 내게 이르시되 인자야 이스라엘 족속의 장로들이 각각 그 우상의 방안 어두운 가운데에서 행하는 것을 네가 보았느냐 그들이 이르기를 여호와께서 우리를 보지 아니하시며 여호와께서 이 땅을 버리셨다 하느니라 (겔 8:6b~12).

이러한 뱀신이나 다른 우상들은 바벨론, 가나안, 이집트 종교에서 흔히 볼 수 있다. 끔찍한 혼합주의일 뿐 아니라, 성경이 부정하다고 규정한 것을 숭배하는 행위다.

이어서 하나님은 덧붙이신다. "너는 다시 그들이 행하는 바 다른 큰 가증한 일을 보리라"(8:13). 에스겔의 서술은 이어진다. "그가 또 나를 데리고 여호와의 전으로 들어가는 북문에 이르시기로 보니 거기에 여인들이 앉아 담무스를 위하여 애곡하더라. 그가 또 내게 이르시되 인자야 네가 그것을 보았느냐 너는 또 이보다 더 큰 가증한 일을 보리라 하시더라"(8:14~15).

담무스는 초목을 관장하는 수메르의 신이다. 수메르신화에 따르면, 그는 죽어서 지하세계의 신이 된다. 담무스 숭배자는 담무스가 죽은 가을에 애곡을 하고, 담무스가 다시 살아나는 봄철에 매우 기뻐한다. 이러한 풍요 신앙은 에스겔 시대 중동 지역에서는 흔한 일이었다. 담무스는 그리스신화에서 아프로디테와 연관되어 등장한다. 한 세기 전에 이사야는 당시 사람들이 담무스의 정원을 경작했다고 정죄했다(이사야 17장의 히브리어 원문은 문자적으로 이것을 말한다고 나는 믿는다). 또한 풍요 숭배는 하나님이 증오하시는 성적 타락의 핑계가 되기도 했다. 농부는 여사제와 잠을 자고, 농부의 아내는 사제와 뒹굴면 신들이 많은 수확을 하게 된다고 생각했다. 결국 이들은 풍작을 위해 살아계신 하나님이 아니라 풍요의 신들을 섬긴 것이다. "인자야 네가 그것을 보았느냐?"

가증한 일은 더 있었다. 에스겔 8장 15절 이후에는 타락한 예배의 실상이 폭로된다. 무대는 성전 입구, 성전 안뜰 그리고 제단과 성전 문 앞 현관 사이로 옮겨진다. 성전은 동서를 축으로 놓였는데, 태양을 숭배하기에는 안성맞춤이었다. 그들은 성전을 등진 채로 동편을 바라보고 떠오르는 태양을 숭배했는데 이는 이집트 신 라$_{Ra}$를 연상하게 한다. 에스겔 8~9장의 환상이 있기 전, 요시야왕은 유다 왕들이 태양에게 바친 말들을 제거했다(열왕기하 23장). 그러나 이제 다시 태양 숭배가 돌아왔다.

부패한 예배는 하나님을 대체한다. 오늘날도 마찬가지다. 타락한 예배는 예배 방법이나 스타일이 아니라 예배 대상의 문제다.

하나님 대신에 토속적 신, 혼합주의적 신, 절충한 신을 예배하는 것이다. 그러나 우리 하나님처럼 자기를 계시한 신은 이 중에 없다. 현대인은 기원전 6세기 예루살렘 주민과 똑같은 방식으로 유혹을 당하지는 않는다. 담무스를 위해 애곡하는 사람이 아직도 있을까 궁금하다. 하지만 그들과 우리 사이에는 생각보다 유사점이 많을 수도 있다.

우리는 아세라 목상을 세우거나 그것을 질투의 우상이라 부르지는 않는다. 그러나 우리 마음이 하나님보다 다른 것에 더 끌린다면, 우리는 하나님의 질투를 일으키는 셈 아닌가? 우리가 뱀을 숭배하지는 않더라도, 때때로 하나님이 부정하게 여기는 것을 소중히 여기고 사모하지는 않는가? 오늘날 풍요의 신을 섬기는 사람은 드물겠지만, 우리는 섹스 자체를 숭배하는 지경에 이르렀다. 태양을 숭배하지는 않더라도, 창조주보다 오히려 피조물을 숭배하고 있다. 또한 태양이 끝없는 휴가와 선탠, 쾌락적인 삶을 대변한다면, 우리도 어느 정도 태양을 숭배하는 중일지도 모른다.

다음으로 에스겔서에서 우상숭배 다음에 이어서 나오는 하나님의 심판을 주목해야 한다. 에스겔 11장 전반부에는 예루살렘에 대한 확실한 심판 약속이 나오는데, 사람들은 별 반응이 없었다. "여호와의 말씀이 내게 임하여 이르시되 인자야 예루살렘 주민이 네 형제 곧 네 형제와 친척과 온 이스라엘 족속을 향하여 이르기를 너희는 여호와에게서 멀리 떠나라 이 땅은 우리에게 주어 기업이 되게 하신 것이라 하였나니"(11:14~15). 즉, 바벨론에 있는 사람들은 "이제 고향으로 돌아가서 가족들도 만나고 성전에서 하나님을 예배하고 싶습니다"라고 말하지만, 예루살렘 주민들은 이렇게 대꾸한다. "뭐? 그놈들은 추방당했잖아. 하나님은 그들을 미워하셔. 이제 우리와는 아무 상관이 없지. 우리가 주인공이야. 하나님은 우리를 아끼신다고."

그러나 추방당한 자들에 대한 하나님의 생각은 다르다. "그런즉 너는 말하기를 주 여호와의 말씀에 내가 비록 그들을 멀리 이방인 가운데로 쫓아내어 여러 나라에 흩었으나 그들이 도달한 나라들에서 내가 잠깐 그들에게 성소가 되리라 하셨다 하고"(11:16).

이것은 성전에 관한 이야기다. 포로 된 자들은 더 이상 돌이나 나무로 지은 것에 의존하여 살아계신 하나님께 나아가지 않아도 된다. 하나님은 일찍이 성전에서 자기를 드러내셨고, 성전의 구조와 크기, 제사 제도 및 제사장직을 세세히 규정하셨다. 그러나 마지막 때에 성도들은 하나님을 대신하는 중보 구조물을 필요로 하지 않는다. 하나님은 말씀하신다. "그것으로 충분하다. 이제 내가 직접 너희의 성소가 될 것이다. 예루살렘 주민이든 그발강가 주민이든 내가 너희의 성소, 너희의 성전이 될 것이다."

그러한 맥락에서 에스겔 36장은 새 언약의 도래를 선포한다. 이제 사람의 마음이 변화될 것이다. 에스겔 37장에서 골짜기에 가득한 마른 뼈들 환상은 하나님이 자기 백성을 소성하게 하실 때를 그린다. 그다음 37장 24~28절에서 다윗왕의 치세 아래서 새 언약의 도래가 약속된다.

에스겔의 예언은 1~3장의 환상과 함께 시작되고, 40~48장의 환상으로 끝을 맺는다. 첫 번째 비전에서 에스겔은 바퀴 달린 보좌 전차를 본다. 이 보좌 전차에 바퀴가 달린 이유 중 하나는 하나님이 예루살렘이 아니라 바벨론에서 자기를 나타내기 위함이다. 전차의 구조와 관련된 상징은 대부분 그 의미가 분명하다. 그런데 환상의 초점이 보좌에 앉으신 하나님으로 옮겨지면서부터 상징성이 점점 모호해지다가 1장 28절에 이른다. "이는 여호와의 영광의 형상의 모양이라."

이 환상을 한번 그림으로 옮겨본다면 어떨까? 바퀴 달린 보좌 전차는 그릴 수 있겠지만, 하나님은 그릴 수 없다. 영광 중에 하나님이 나타나시고, 바퀴 달린 보좌 전차가 등장하지만, 에스겔 8~11장 이전에는 별다른 역할이 나타나지 않는다. 거기에서 에스겔은 예루살렘에서 자행되는 비참하고 비극적인 우상숭배를 목격한다. 8장의 우상숭배 이후, 성전 위에 머물던 하나님의 영광은 성전을 떠나 바퀴 달린 보좌 전차에 머문다. 성전은 하나님의 임재를 상징하며, 정하신 제사와 제사장직을 통해 하나님이 그 백성과 만나는 장소다.

그다음 바퀴 달린 보좌 전차는 예루살렘을 떠난다. 성문을 지나, 기드론 골짜기를 건너, 산으로 올라가서 올리브산에 머물러 앞으로 펼쳐질 광경을 지켜본다. 이 환상의 목적은 상징을 통해 예루살렘이 멸망하는 진짜 이유를 선포하려는 것이다. 예루살렘의 멸망은 느부갓네살이 강하고 하나님이 무능력해서가 아니다.

D. A. 카슨

오히려 하나님이 작정하신 심판에 예루살렘을 넘겨주기로 작정하셨기 때문에 느부갓네살이 예루살렘을 취할 수 있었다.

이제 에스겔의 마지막 이상(40~48장)에서 선지자는 새롭게 된 이스라엘, 새롭게 된 예루살렘, 새 성전의 장관을 본다. 에스겔서는 그렇게 끝을 맺는다.

4단계. 에스겔 40~48장

—

이제 에스겔 40~48장의 취지를 알아보자. 이것은 두 개의 요점으로 요약할 수 있다. 그다음 다섯 번째 단계에서 신약이 이 주제를 어떻게 다루는지 간략히 살펴본다.

이미 그리고 아직

첫째, 포로기 이후의 예언들이 으레 그렇듯이 에스겔은 곧 이어질 땅의 회복과 궁극적으로 성취될 변화된 세상의 회복을 동시에 바라본다. 성령에 이끌린 에스겔은 미래를 들여다본다. 눈앞에 펼쳐진 굽이치는 산맥 속에서 그는 근경과 원경을 동시에 조망한다. 하지만 분기점이 어디인지는 알 수 없다. 이 산맥을 가로지르는 골짜기가 얼마나 깊고 넓은지 알 길이 없다.

선지자는 포로기 이후 귀환을 보며, 또한 세상 마지막에 도래할 영광을 바라본다. 그렇지만 그 사이에 얼마나 큰 간극이 있는

지는 불분명하다. 그는 너무나 먼 곳에서 바라보기에 두 광경을 하나로 조망하며, 그 둘을 모두 볼 수 있는 것이다.

따라서 이 장들에선 귀환에 관한 예언이 등장하며, 또한 생명수가 사해를 생명의 바다로 변화시키는 장관을 예언하는 장면이 선포된다. 변화의 물결이 넘실대는 강둑을 따라 사계절 과실이 열매를 맺으며, 강둑에 늘어선 나무의 잎사귀는 열방을 치료한다. 이에 대해서는 선견자 요한이 성경의 마지막 책에서 다시 환상을 본다. 또한 에스겔 47장 1~12절에서 묘사되는 강은 에덴동산의 이미지를 떠올리게 한다. 예를 들어, 에덴에서 발원하여 동산을 적시고 과실을 맺게 하는 강이 그러하다(창 2:10).

경건한 예배의 회복

둘째, 자기 백성을 회복시키는 하나님의 계획은 성전 구역, 성전 뜰, 성전 벽, 성전 건물 등의 완벽한 대칭과 온 백성의 정확한 배치를 통해 상징적으로 표현되었다. 다가올 새 시대의 경건한 예배는 하나님이 정하신 예식에 따라, 하나님이 세우신 흠 없는 제사장들에 의해, 하나님이 지시하신 제사에 합당한 예배가 될 것이다. 완전한 예배는 이미 앞에서 소개된 타락한 예배와는 극명한 대조를 이룬다. 우상숭배의 죄악이 옛 언약으로 정죄당했듯이, 이제 이러한 패악을 끝장내는 것 역시 옛 언약의 규정하에서 이루어진다. 그러고서 올바른 예배의 모습이 제시된다. 하나님이 중심에 계시고, 하나님이 정하신 제사와 제사장직 그리고 성전에 의해서 옛 언약의 형식대로 이루어진다. 상징의 실체가 놀라운 이미지로 전개되는데, 생명의 물은 사해마저 생명으로 일깨운다. 요약하면 다음과 같다.

- 순전한 예배에서, 하나님은 상대화되지 않는다. 하나님은 취미의 대상이 아니다. 천국에서 찬송을 부르면서도 옆 사람이 내 노래를 좋아할지에 더 신경 쓰는 것이 가능할까? 하나님께 헌금하고 나서도 뿌듯함이 슬며시 고개를 든다. 경건한 우선순위에 따라 삶을 정돈한 다음에는, 혹시 그런 나를 알아보는 사람이 없는지 주위를 힐끗 살핀다. 또한 함께 모여 즐거운 예배를 드리다가도, 문득 내일이면 또다시 맥 빠지는 일상으로 돌아가야 한다는 생각에 기운이 빠진다. 정말 하나님 중심의 삶을 살고 싶지만, 대개 우리는 다른 사람이 나를 과소평가하지는 않을지 걱정하며 산다. 바울은 오히려 자기가 과대평가되는 것을 염려했다(고후 12:5~6). 그러나 언젠가는 우리의 말과 생각 그리고 하는 일 가운데서 하나님이 더 이상 상대화되지 않을 것이다. 그것이 바로 참된 예배다. 예배 자체가 순전해서라기보다는, 우리가 예배하는 하나님이 우리 눈앞에 너무나 밝히 보이실 것이기 때문이다. 우리 눈앞에 선명한 하나님 앞에서 우리는 감히 다른 것을 예배할 수 없을 것이다.
- 깨어진 세상 속에서 드려질 순전한 예배의 모습은 필연적으

로 반문화적일 수밖에 없다. 에스겔은 그 사실을 이해한다. 예루살렘으로 돌아간다고 해서 자동으로 완벽이 보장되는 것은 아니다. 오히려 여러 구절을 통해 사실상 이렇게 이야기한다. "너희가 만약 우상을 버리면, 그리고 제사장들이 순전함을 유지하면, 또한 왕이 언약을 엄수한다면, 너희는 다시 추방을 당하지 않을 것이다. 하나님이 너희와 함께하시는 복을 누릴 것이다."

무슨 뜻인지 알겠는가? 하나님의 백성은 주위 사람들과 다르게 살아야 한다. 그들은 주변 문화에 동화될 수 없다. 그 문화는 하나님 중심이 아니기 때문이다. 그리스도인의 참된 예배는 본질적으로 반문화적이다. 본질상 개혁적이며, 도덕적으로도 막대한 함의를 담고 있다. 우리가 에스겔 40~48장에서 다음과 같은 구절을 읽는 까닭이다. "주 여호와께서 이같이 말씀하셨느니라. 이스라엘의 통치자들아 너희에게 만족하니라. 너희는 포악과 겁탈을 제거하여 버리고 정의와 공의를 행하여 내 백성에게 속여 빼앗는 것을 그칠지니라. 주 여호와의 말씀이니라"(45:9). 또한 이런 말씀도 있다. "이 땅을 왕에게 돌려 이스라엘 가운데에 기업으로 삼게 하면 나의 왕들이 다시는 내 백성을 압제하지 아니하리라. 그 나머지 땅은 이스라엘 족속에게 그 지파대로 줄지니라"(45:8). 그 외에도 많다.

D. A. 카슨

궁극적 목표

우리는 장례식에서 성도의 이별은 영원한 것이 아님을 강조한
다. 주 안에서 죽은 사랑하는 사람들과 우리는 다시 만날 것이다.
나의 어머니는 치매와 그에 따른 끔찍한 후유증으로 돌아가셨다.
마지막 1~2년 동안은 아무 말씀도 하지 못했다. 임종 6개월 전쯤
우리가 평소 좋아하시던 찬송을 부르면, 어머니는 잠시 손을 꼭
잡으시곤 했다. 마지막 몇 개월 동안에는 아무런 반응도 하지 못
하셨다. 언젠가 나는 어머니께 물어볼 생각이다. "그때 들으셨나
요? 우리가 기도할 때 들으셨나요? 우리가 노래하고 성경 읽던 것
이 생각나시나요?" 나보다 먼저 영광의 나라로 들어가신 사랑하
는 분들, 어머니, 아버지와 새로워진 관계로 다시 볼 날을 소망하
는 것은 합당하다.

그러나 이것이 하나님을 열망하는 것보다 더 절실하다면 옳
지 않다. 계시록 21~22장을 보면, 그곳의 영광은 당신의 어머니
를 다시 만나는 것과 비교할 수 없다. 또는 바울과 신학적 담소를
나누면서 로마서 11장 마지막 절의 뜻이 도대체 무엇인지를 묻고
답하는 경험도 거기에 미치지 못한다. 오직 하나님만 남는다. "주
가 거기 계신다." 에스겔 40~48장의 환상이 그렇게 끝나는 이유
가 여기 있다. 유구한 교회 역사의 흐름 속에서 지고의 선은 보통
라틴어 단어 두 개로 표현된다. '비지오 데이'*Visio Dei*, 즉 "하나님
의 비전"으로, 주가 거기 계신다는 말이다. 이러한 장래 소망으로
우리 마음에 큰 진동이 일어나지 않는다면, 그것은 하나님에 대한

우리의 이해가 너무나 부족하기 때문이다.

이 아홉 장의 최종 목적은 마지막 줄에 나온다. "그날 후로는 그 성읍의 이름을 여호와삼마라 하리라"(겔 48:35). "주가 거기 계신다."

이제 마지막 단계로 넘어가자.

5단계. 에스겔 40~48장과 신약

에스겔 40~48장 이후는 어떻게 전개될까? 칠십 년 후에 성전이 재건축되는데, 훨씬 작은 규모로 세워진다. 더 놀라운 점은 성전 위에 강림하는 하나님 영광에 대한 서술이 없다는 사실이다. 모세 시대에는 성막 위에 영광이 머물렀고, 솔로몬 시대에 지은 성전 위에도 영광이 서렸지만, 작은 규모로 재건축된 성전에 영광이 함께했다는 기록이 없다. 그래서 솔로몬 성전을 기억하는 노인 세대는 다시 건축된 성전을 보고 울음을 터뜨렸다.

포로에서 귀환한 자들은 성읍을 재건하려 했지만, 크세르크세스(아하수에로) 황제는 이를 허락지 않았다(에스라 4장). 다시 20년 후에 하나님은 느헤미야를 세우셔서 성읍을 재건하게 했고, 다시 주민이 모였다. 이제 예루살렘이 재건되고, 성전도 회복되었지만, 여전히 다윗의 뒤를 이은 왕은 나타나지 않았다. 이 지역의 패자는 그것을 허락하지 않았다. 다시 수십 년, 수백 년이 흐른다. 앗수

D. A. 카슨

르와 바벨론의 포로 되었던 하나님의 백성은 다시 바사와 그리스의 지배를 받았다가 결국 기원전 63년 로마의 압제를 받는다. 그러나 여전히 다윗 혈통의 새 왕은 등장하지 않았다.

참된 성전

이제 신약으로 넘어간다. 첫 구절은 이렇게 시작한다. "아브라함과 다윗의 자손 예수 그리스도의 계보라"(마 1:1). 예수는 또한 이렇게 선포하신다. "너희가 이 성전을 헐라. 내가 사흘 동안에 일으키리라"(요 2:19). 만약 성전이 하나님과 그의 죄 많은 백성이 만나는 장소라면, 예수는 하나님과 그의 백성이 궁극적으로 만나는 장소다. 또한 전도자 요한은 이렇게 증거한다. "말씀이 육신이 되어 우리 가운데 거하시매 우리가 그의 영광을 보니"(요 1:14).

예수는 하나님과 그의 백성이 만나는 궁극의 성전이자, 성막이시다. 바로 거기, 즉 예수 그리스도 안에 하나님의 영광이 머문다. 이 예수는 십자가에 달려 죽으심으로 영화롭게 되셨고, 불의한 자를 위해 의로움이 되셨으며, 하늘에 오르셔서 만세 전에 아버지와 함께 누렸던 영광을 되찾으셨다.

거룩한 성

성경의 마지막 책, 마지막 환상에서 선견자 요한은 이렇게 증언한다. "또 내가 보매 거룩한 성 새 예루살렘이 하나님께로부터 하늘에서 내려오니…"(계 21:2). 이 성은 하나님의 영광으로 빛난다. 이 환상에서 새 예루살렘은 놀라운 대칭을 보이는데, 이는 에스겔이 본 환상 속의 대칭을 연상하게 한다. 그런데 이 성에는 더이상 성전이 없다. "이는 주 하나님 곧 전능하신 이와 및 어린양이 그 성전이심이라"(계 21:22). 이것이 그발강가에서 추방된 자들에게 하나님이 하신 말씀이 아닌가? 하나님은 친히 그들의 성소가 되리라고 말씀하셨다. 요한은 에스겔의 예언을 떠올리게 하는 환상을 본다.

> 또 그가 수정같이 맑은 생명수의 강을 내게 보이니 하나님과 및 어린양의 보좌로부터 나와서 길 가운데로 흐르더라. 강 좌우에 생명나무가 있어 열두 가지 열매를 맺되 달마다 그 열매를 맺고 그 나무 잎사귀들은 만국을 치료하기 위하여 있더라. 다시 저주가 없으며 하나님과 그 어린양의 보좌가 그 가운데에 있으리니 그의 종들이 그를 섬기며 그의 얼굴을 볼 터이요 그의 이름도 그들의 이마에 있으리라(계 22:1-4).

이마에 쓰인 이름

에스겔서에서는 이마에 하나님의 이름이 쓰인 사람만 심판을 면했다. 계시록에 이와 비슷한 서술이 나오는 이유는 이것이 예언의 성취임을 보여주려는 것이다. 이제 하나님의 백성은 새 하늘과 새 땅 곧 새 예루살렘에 있으며, 그들의 이마에는 하나님의 이름이 쓰여 있다. "다시 밤이 없겠고 등불과 햇빛이 쓸데없으니 이는 주 하나님이 그들에게 비치심이라. 그들이 세세토록 왕 노릇 하리로다"(계 22:5).

4절 또한 의미심장하다. "그의 얼굴을 볼 터이요." 계시록을 보면 가장 높은 천사조차 하나님의 얼굴을 보지 못한다. 계시록 4장의 천사들 역시 하나님을 보지 못한다. 그들은 날개로 자기 얼굴을 가린다. 오직 하나님의 형상으로 지음받은 자들만이 하나님을 뵐 수 있다. 이제 변화된 그들은 하나님을 보고도 살 수 있다. 이것이 진정 여호와삼마이다. "주가 거기 계신다."

주가 내게 부탁하신 모든 일을 마친 후
예비하신 그 집에서 주의 얼굴 뵈오리.[2]

여호와삼마!

4

마크 데버

준비됐는가?

데살로니가전서 4:13~5:11

Mark Dever

4

세속주의자 샘_{Secular Sam}을 아
는가? 샘은 매우 성공적인 삶을 살고 있다. 좋은 직장에, 참한 여
자에, 아름다운 집에, 새 차에, 게다가 건강하기까지 하다. 그는 재
미있고, 똑똑하며, 붙임성도 좋다. 또한 샘은 그리스도인이며, 열
정적이다. 그는 복음주의 배경에서 자랐고, 신학적으로는 보수적
이며, 성경의 권위를 인정한다. 성경은 세상 기원에서부터 삶의
의미까지 모든 의문에 대해 가장 만족할 만한 답을 제시한다고 믿
는다. 샘은 꾸준히 성경을 공부하며, 인간의 악함을 잘 알고 있다.
심지어 친구들에게 예수의 부활에 대한 역사적 증거도 댈 수 있
다. 삶의 모든 영역에서 하나님의 말씀으로 자신을 점검하려고 애
쓴다. 신앙의 영역뿐 아니라 사업, 철학, 윤리, 경제, 법과 관련해
서도 그렇게 하려고 애쓴다.

그렇다면 과연 무엇이 샘을 그토록 '세속적으로' 만드는 것일

까? 샘이 세속적인 이유는 내일 아침에 자신이 어김없이 자리에서 일어날 것이라고 믿기 때문이다. 그는 조부모 세대가 말하는 "복된 소망"을 들어본 적이 없다. 샘의 소망이나 관심은 모두 현세대_seculum, secular(세속적)의 라틴어 어원_ 즉, 지금 현재의 삶에 있다. 내일은 오늘과 다르지 않을 것이며, 이러한 인식은 오늘을 살아가는 그의 태도에 큰 영향을 미친다.

영국인 조지 홀리오크는 1851년에 세속주의라는 개념을 처음으로 제시했다. 그는 잡지 〈리즈너〉_Reasoner_를 통해 도덕은 현세의 안녕을 기반으로 해야 하며, 내세나 신에 대한 믿음은 배제해야 한다고 주장했다. 사실 이러한 세속주의는 홀리오크와 〈리즈너〉 이전, 아주 옛적부터 존재했다. 고대 사회부터 이어져 온 세속주의는 근대에 이르러 다윈, 마르크스, 프로이트 등을 통해 꽃을 피웠다.

현세 이후의 삶 또는 세상에 대해 인간에게는 어느 정도 기본적인 신념이 있다. 그럼에도 현대의 사회와 개인들은 내세를 점점 더 불신하고 있다. 현세와 내세를 모두 믿는 사람조차 점점 현세에 집중하다 보면 현세만 생각하게 되고 내세는 잊어버리게 된다. 내세는 점점 중요하지 않게 느껴지고, 의심하기 시작하며, 의도적으로 무시하고, 결국에는 부정하게 된다. 이 세상에서의 삶에 집중하고 내세에 대한 준비를 소홀히 하다 보면, 결국 세속주의가 점점 힘을 얻는다.

데살로니가전서 4장 13절부터 5장 11절에서 사도 바울은 세속주의에 관한 두 가지 문제점을 제기한다. 첫째, 바울은 세속주의에 소망이 없음을 고찰한다. 둘째, 세속주의의 부도덕성을 고발한다.

세속주의에는 소망이 없다

데살로니가전서는 바울이 처음으로 쓴 편지로 알려져 있다. 교회가 생긴 지 10년에서 15년 정도밖에 되지 않은 시기였을 것이다. 세속주의는 이제 막 태동한 교회 내에서 이미 영향을 미치고 있었다. 바울은 먼저 데살로니가교회 성도들에게 그리스도인에게 있어야 할 소망이 없음을 지적한다. 그들은 바울이 비유적으로 '잠'으로 표현한 죽음에 대해 무지했다. 그래서 그들은 "소망 없는 다른 이와 같이 슬퍼"했다(4:13).

많은 사람이 비슷한 경험을 한다. 아무런 소망 없이 세속주의자 버트런드 러셀처럼 생각하며 사는 사람이 적지 않다. 그는 〈자유인의 예배〉라는 에세이에서 이렇게 말했다. "사람의 일생은 밤을 통과하는 기나긴 행군과 같다. 곳곳에 보이지 않는 적이 도사리고 있고, 피곤과 고통으로 몸은 고문을 당하며, 목표에 다다를 희망은 희미하고, 목표에 다다른들 오래 머물 수 없다."[1] 이것이 바로 물질이 전부라고 믿는 유물론적 사고다. 어떤 이는 유물론을 이렇게 정의한다. "사람들이 모든 것을 걸어보지만, 결국 남는 것은 아무것도 없는 어리석은 철학이다."

우리는 소망 없는 다른 사람처럼 슬퍼하지 않는다

바울은 그리스도인에게는 소망이 있다고 말한다. 그리스도인은 죽어도 여전히 예수 안에 있다. "우리가 예수께서 죽으셨다가 다시 살아나심을 믿을진대 이와 같이 예수 안에서 자는 자들도 하나님이 그와 함께 데리고 오시리라"(살전 4:14). 그리스도인은 그리스도와 연결되어 있기에, 죽음 앞에서도 소망이 있다. 우리의 소망은 그리스도 안에 있다.

내가 처음으로 장례식을 집례한 것은 30여 년 전 플로리다에서였다. 나는 고인을 잘 몰랐고, 더군다나 그는 신앙을 고백한 그리스도인도 아니었다. 그의 죽음은 전혀 예기치 못한 것이었고, 나는 갑작스럽게 집례를 부탁받았다. 나는 잘 알지 못하는 사람의 관 옆에 섰고, 곁에는 적은 수의 사람이 모였는데, 그들 대부분은 내가 전혀 모르는 이들이었다. 마음속에서 의문이 떠올랐다. "왜 나지? 이제 겨우 약관을 넘긴 내가 왜 알지도 못하는 이들에게 설교를 해야 하지?" 그러다가 문득 그 이유를 깨달았다. 나에겐 소망이 있었기 때문이다. 나는 무덤에 들어갔다가 다시 나온 분을 알고 있다. 그 장례식에 내가 있었던 이유는 바로 그것이었다. 고인을 잘 알기 때문이 아니라 죽었다가 다시 사신 분을 알았기 때문이다. 그리스도가 죽었다가 다시 사셨기에, 우리 역시 그리스도 안에 있으면 죽어도 다시 산다는 소망이 있다.

바울은 하나님이 그리스도 안에서 죽은 자들을 "데리고 온다"라고 말한다. 이 표현은 죽은 자가 아니라 산 자에 대해 사용하는 말이다. 바울은 그리스도와의 연합을 근거로 데살로니가 교인들에게 소망을 이야기한다. 죽음조차 그리스도와의 연합을 깨뜨리지 못한다.

사별한 형제, 자매, 남편, 아내, 아버지, 어머니, 자녀가 그리스도인이었다면, 이 진리 안에 소망이 있다. 그리스도와의 연합은 생명 그 자체보다 더욱 견고하다. 그리스도께서 죽고 다시 사신 것처럼, 그리스도와 연합한 우리 역시 죽지만 다시 살 것이다. 그리스도 안에서 죽은 자는 그가 다시 올 때 "그와 함께" 다시 올 것이다.

왕을 만날 것이다

데살로니가 교인들은 그리스도가 다시 오기 전에 죽은 이들 때문에 염려했다. 그러나 바울은 그것이 기우라고 말한다. "우리가 주의 말씀으로 너희에게 이것을 말하노니 주께서 강림하실 때까지 우리 살아남아 있는 자도 자는 자보다 결코 앞서지 못하리라"(살전 4:15).

주께서 다시 오시는 모습을 묘사하기 위해 바울은 당시 로마 황제가 속국을 공식적으로 둘러볼 때 사용하는 용어를 가져온다. 황제가 어느 도시를 방문하면, 사절단이 먼저 나가 황제를 맞이한다. 바울은 이 장면을 차용해서 그리스도 안에서 죽은 자가 먼저 주를 맞이할 것이라고 말한다. 주 안에서 죽은 자가 살아남은 자보다 먼저 주를 맞는 것이다. 이것이 참된 소망이다. 그리스도 안에서 죽은 자는 제일 먼저 귀환하는 왕을 맞이할 것이다.

계속해서 바울은 왕의 공식적, 군사적 이미지를 사용해서 이전에 아무도 본 적이 없는 장면을 서술한다. "주께서 호령과 천사장의 소리와 하나님의 나팔 소리로 친히 하늘로부터 강림하시리니 그리스도 안에서 죽은 자들이 먼저 일어나고"(4:16).

이 장면은 출애굽기 19장의 이미지와 비슷하다. 모세는 시내 산에서 하나님을 만난다. 하나님은 하늘에서 산으로 내려오시고, 나팔 소리와 함께 빽빽한 구름이 산을 감싼다. 모세의 인도로 진을 떠나 산으로 나아온 백성은 하나님을 뵙는다. 데살로니가전서에서 바울은 주께서 "호령과 천사장의 소리와 하나님의 나팔 소리로 친히 하늘로부터 강림"하신다고 말한다. 그러나 이번에는 모세 혼자 주를 뵙고, 다른 이들은 산 아래에서 멀찍이 떨어져 있던 것처럼 하지 않을 것이다. 오히려 모든 그리스도인이 주를 뵐 것이다. 우리도 주를 맞이할 자랑스러운 행렬에 포함된다. 그리스도 안에서 죽은 자는 소외되는 것이 아니라 오히려 앞장서서 주를 맞이한다.

바울은 주 안에서 죽은 자가 먼저 일어난다고 말한다. 그리스도 안에서 살아남은 자에 대해서는 4장 17절에서 이렇게 말한다. "그 후에 우리 살아남은 자들도 그들과 함께 구름 속으로 끌어 올려 공중에서 주를 영접하게 하시리니…." 그리스도가 다시 오실 때, 그리스도인은 일어나 공중으로 끌어 올려진다.

하나님을 알도록 창조되다

우리의 소망은 이렇게 요약된다. "그리하여 우리가 항상 주와 함께 있으리라"(살전 4:17). 당신이 비록 그리스도인이 아니더라도 당신을 위한 위대한 소망이 있음을 알았으면 한다. 당신에게는 목적이 있다. 즉 하나님을 알도록 지음받은 것이다. 삶에서 경험하는 모든 좌절을 통해 이 땅에서의 삶이 전부가 아님을 깨닫는다. 이 땅은 하나님의 형상대로 지음받은 사람의 소망을 담기에는 너무 작다.

하나님은 우리를 만드셨다. 우리가 비록 그분께 죄를 범했고 하나님은 거기에 마음이 상하셨지만, 우리를 너무나 사랑하기에 독생자 주 예수 그리스도를 보내셨다. 그는 우리 대신 완전한 삶을 사셨고, 십자가에서 죽었다.

만약 당신이 기독교를 이해하고 싶다면, 남을 위해 자기를 희생한다는 낯선 개념을 이해해야 한다. 아담은 우리의 대표이기에 아담이 죄를 지었을 때 우리도 아담 안에서 모두 죄인이 되었다. 또한 각자의 악한 행동을 통해 우리는 그 사실을 확증한다.

하나님은 반역한 아담과 하와를 없애시고 인류를 거기서 끝장 낼 수 있었지만, 대신 놀라운 은혜로 하나뿐인 아들 예수 그리스도를 보내기로 하셨다. 그리스도는 우리 대신 스스로 자기 목숨을 버렸고, 그를 믿는 자들은 죄에서 사함을 받는다. 하나님이 그리스도를 죽은 자 가운데서 다시 살리셨고, 그는 하늘로 오르셨으며 아버지께 희생 제사를 드리셨다. 히브리서를 보면, 아버지는 이

제사를 받으셨으며, 이를 통해 그리스도를 믿는 모든 자를 용납하셨다. "항상 주와 함께 있는" 소망은 이제 당신의 것이 될 수 있다. 이보다 더 나은 소망이 있을까? 이보다 더 인생을 걸만한 소망이 있을까?

세속주의의 부도덕성

데살로니가 교인은 다가올 세상을 오해했고, 이것은 소망 없음과 함께 다른 문제를 일으켰다. 세속주의는 현세의 삶 외에 다른 것을 인정하지 않는다. 바울은 데살로니가전서 5장에서 세속주의의 부도덕성을 이야기하면서 진정한 문제는 그리스도 안에서 죽은 이들이 아니라고 말한다. 문제는 어둠에서 살아가는 자들이다.

형제들아 때와 시기에 관하여는 너희에게 쓸 것이 없음은 주의 날이 밤에 도둑같이 이를 줄을 너희 자신이 자세히 알기 때문이라. 그들이 평안하다, 안전하다 할 그때에 임신한 여자에게 해산의 고통이 이름과 같이 멸망이 갑자기 그들에게 이르리니 결코 피하지 못하리라. 형제들아 너희는 어둠에 있지 아니하매 그날이 도둑같이 너희에게 임하지 못하리니 너희는 다 빛의 아들이요 낮의 아들이라. 우리가 밤이나 어둠에 속하지 아니하나니 그러므로 우리는 다른 이들과 같이 자지 말고 오직 깨어 정신을 차릴지라. 자는 자들은 밤에 자고 취하는 자들은 밤에 취하되 우리는 낮에 속하였으니 정신을 차리고 믿음과 사랑의 호심경을 붙이고 구원의 소망의 투구를 쓰자(살전 5:1-8).

바울은 데살로니가 교인들에게 "주의 날"에 대해 강론한다. 이 개념은 구약에서 매우 눈에 띄는 주제다. 이날은 특별한 의미에서 하나님께 속한 날이다. 물론 모든 날과 시간이 다 주께 속하지만, 특별히 하나님께 속한 한 날이 있다. 그날, 하나님은 자기를 세상에 분명히 드러내실 것이며, 자기의 일을 완결하실 것이다. 그 엄청난 날에 자연 만물의 기한은 다한다. 해는 어두워지고, 달은 핏빛으로 물들며, 별이 사라지고, 지진, 폭풍, 재앙, 불, 연기가 있을 것이다. 이 위대한 날에 하나님의 백성은 적으로부터 구원을 얻고, 위선자들은 주의 백성으로부터 걸러진다. 마침내 하나님의 통치가 완전히 드러날 것이다. 악인은 영원한 형벌에 들어가고, 자기 백성에 대한 하나님의 은혜는 절정에 이른다. 그날에 이 세대는 끝이 나고, 새 세대가 시작될 것이다.

신약에서 이 주님의 날은 곧 그리스도가 다시 오시는 날이다. 데살로니가인들은 이에 대해 충분히 교육을 받았기에, 바울은 이 모든 '시기'에 관해 다시 쓸 필요가 없었다. 그러나 그리스도 밖에 있는 자들은 소망이 없을 뿐 아니라, 다가올 주의 날에 관해 전혀 알지 못한다. 그들은 다가올 시대를 알지 못하기에, 크게 놀랄 것이다. 설상가상으로 그들의 무지와 놀람은 결국 완전한 멸망으로 귀결될 것이다.

그들은 피하지 못한다

나는 역사 서술을 즐겨 읽는다. A. G. 가드너가 제1차 세계대전이 종결된 지 얼마 되지 않은 시기에 쓴 글을 읽은 적이 있다. 그는 '대전'으로 불린 이 전쟁의 발발을 둘러싼 급박한 사건들을 서술했다. 이 전쟁은 거의 우발적으로 시작되었다. 가드너는 다음과 같이 썼다.

> 우리는 [전쟁 발발 전 유럽에서 일어나는 일련의 사건에 관해] 별 관심이 없었다. 우리의 삶은 안전했고, 그들 때문에 우리가 영향을 받게 되리라고는 생각하지 않았다. 그러나 그런 우리 생각은 틀렸다. … 나는 잉글랜드 중부 지방의 한 작은 마을에서 집필 중이었는데, 건너편 오두막에선 한 여인이 텃밭에서 일을 하고 있었다. 7월까지만 해도 그녀에겐 아들이 셋 있었는데, 지금은 그중 둘이 플랑드르의 이름 모를 묘지에 누워 있다. 셋째는 부상을 당해 병원으로 후송되었다. 그녀는 [제1차 세계대전을 촉발한] 사라예보의 비극에 대해 별로 아는 바가 없었을 것이다. 그러나 그 사건으로 일련의 사건이 전개되었고, 수백만 명의 유럽인들과 마찬가지로 그녀의 삶은 완전히 망가졌다. …
> … 엄청난 드라마가 급격하게 전개되었는데 … 마치 갑작스럽게 심판의 날이 도래한 것 같았다.[2]

바울은 실제 심판의 날은 홀연히 임하리라고 말한다. 주의 날은 밤에 도적같이 임할 것이다. "그들이 평안하다, 안전하다 할 그때에 임신한 여자에게 해산의 고통이 이름과 같이 멸망이 갑자기 그들에게 이르리니 결코 피하지 못하리라"(살전 5:3). 그들은 안전하다고 말하지만, 안전하지 못할 것이다. 재앙이 갑자기 닥쳐서 그들을 덮칠 것이며, 주께서 다시 오실 때 평화롭고 안전해 보이던 모든 것들이 황망히 녹아버릴 것이다. 큰 소리와 함께 재앙은 닥치며, 그들이 의지하던 세상의 물질적 평안은 사라지고, 완전히 멸망할 것이다. 3절에서 바울은 엄중하게 경고한다. "결코 피하지 못하리라."

자는가 깨어 있는가

주의 날에 대해 무지한 자들은 영적인 잠과 술에 취해 있다. "자는 자들은 밤에 자고 취하는 자들은 밤에 취하되"(살전 5:7). 바울은 이들이 '잔다'고 말한다(5:6). 그들은 가정과 직장 그리고 세상의 많은 일로 분주하기에 스스로 깨어 있다고 생각할지 모른다. 그러나 다가올 주의 날과 관련해 그들은 자고 있다.

바울은 데살로니가 그리스도인에게 말한다. "그러나 너희는 이로 인해 놀라지 말라. 너희는 깨어 근신하라. 너희는 어두움에 속하지 않았다." 5장 4~8절을 다시 보자.

형제들아 너희는 어둠에 있지 아니하매 그날이 도둑같이 너희에게 임하지 못하리니 너희는 다 빛의 아들이요 낮의 아들이라. 우리가 밤이나 어둠에 속하지 아니하나니 그러므로 우리는 다른 이들과 같이 자지 말고 오직 깨어 정신을 차릴지라. 자는 자들은 밤에 자고 취하는 자들은 밤에 취하되 우리는 낮에 속하였으니 정신을 차리고 믿음과 사랑의 호심경을 붙이고 구원의 소망의 투구를 쓰자.

여기에서 근신과 절제의 관계를 확인한다. 자기 절제를 원하는 사람은 현실을 더욱 직시해야 한다. 하나님의 말씀을 공부하고, 진리를 깨달으며, 우리가 사는 시대를 분별해야 한다. 깨어 있어야 절제할 수 있다. 빛과 낮에 속한 자는 깨어 근신하며 조심한다. 그런데 무엇에 깨어 있어야 할까? 절제해야 할 이유는 주의 날이 다가오고 있기 때문이다. 우리는 다가올 일을 알고 있기에 깨어 근신하며 절제한다.

영적으로 잠자는 자는 주의 날이 다가온다는 사실을 망각한다. 주의 날이 다가옴을 깨닫는 자는 놀라지 않을 뿐 아니라, 그 지식에 따라 삶을 꾸려나간다. 영적으로 깨어 있는 자는 절제하며, 믿음과 소망과 사랑을 굳게 붙든다. 왜냐하면 잠시 후에 창조주 앞에서 자신의 삶을 결산함을 알기 때문이다.

반면에 영적인 잠에 빠져 주의 날을 망각한 자는 영적인 잠과 술에 취해서 무절제하게 산다. 하나님의 심판을 잊어버렸기 때문이다. 현세의 쾌락에 빠진 자가 어떻게 살 것 같은가?

하나님은 선하기에 심판하신다

토마스 모어의 《유토피아》에서 라파엘 히드로다에우스라는 나그네가 유토피아를 방문한다. 그에 따르면, 유토피아에서는 신앙에 관해서 세 가지를 포기해야 하는데, 이는 영혼의 불멸, 사후의 상벌, 그리고 섭리의 존재다. 그는 이렇게 설명한다.

> 누구든 견해를 달리하는 자는 인간의 지위를 박탈당하고, 짐승의 수준으로 강등된다. 유토피아의 시민으로 인정받지 못하는 건 당연하다. 이런 자는 유토피아의 생활 방식을 인정하지 않으면서도, 두려워서 말을 하지 못할 뿐이다. 오직 처벌을 두려워하고 사후에 대해 아무런 희망이 없는 자는 늘 사적인 이익을 위해 국법을 회피하거나 어기려 하는 것이 당연하다.[3]

히드로다에우스는 영적으로 잠든 자가 어떻게 처신할지에 대한 해답을 준다. 최후의 심판을 믿지 않는 자에게 자연법은 아무런 영향을 미치지 못한다. 아무런 형벌을 기대하지 않는다면, 왜 스스로 절제하겠는가?

성경 역시 이 사실을 확증한다. 만약 하나님이 영원히 형벌을 유예하신다면, 이것이 도덕적 방임과 무엇이 다르겠는가? 하나님이 심판하시는 이유는 그렇게 해야만 하기 때문이 아니라 그렇게 하기를 원하시기 때문이다. 그분은 완전히 선하시기 때문이다.

1800년대 초에 미국을 방문한 알렉시스 드 토크빌은 이렇게 썼다. "여기 미국에는 사회적 이익을 위해선 무엇이든 허용되어야 한다고 감히 말하는 사람이 없다. 이는 대단히 불경한 주장으로서, 자유시대에 잠재적 독재자들을 양산하기 위해 고안된 사상처럼 보인다."⁴ 우리는 지금 이러한 현상을 목격한다. 우리의 삶에 대해 창조주 앞에서 결산해야 한다는 사상이 전면 부정되고 있다.

앨라배마에 사는 유대인 랍비 조슈아 하버만은 1987년 〈폴리시 리뷰〉에 "바이블 벨트는 미국의 안전벨트"라는 글을 기고했다. 이 글에서 하버만은 당시 대중문화와 미디어가 미국의 근본주의 그리스도인을 대단히 부정적으로 매도하는 현상을 비판했다. 그는 수많은 근본주의 그리스도인들과 더불어 살았는데, 오히려 그 사실을 감사하게 여겼다. 그들은 하나님 앞에서 자기 삶에 대해 늘 책임을 지며 살기 때문이었다. 그 그리스도인들은 절도나 살인에 대해 하나님의 심판이 있을 것을 믿었으며, 따라서 절제하면서 도덕적 삶을 살려고 애썼다. 반면에 끔찍한 독재자가 휩쓴 20세기의 러시아나 독일에는 기독교 근본주의가 힘을 쓰지 못했다.

30여 년이 흐른 지금의 현실을 보면 하버만이 뭐라고 개탄할지 모르겠다. 그리스도인은 하버만이 칭송하는 그런 삶을 살아야 한다. 하나님 앞에서 책임 있는 모습을 보여주어야 한다. 우리 삶의 모든 영역에서 그렇게 되어야 하며, 그 선택은 우리에게 달려 있다. 당신의 삶을 점검하고, 무엇을 기대하며 사는지 스스로 물어보라. 무엇 때문에 지금 그 일을 하고 있나? 어떤 소망이 있기에 살아가는가?

그와 함께 영원히

—

데살로니가전서 5장 9~11절을 보며 결론을 맺자. "하나님이 우리를 세우심은 노하심에 이르게 하심이 아니요 오직 우리 주 예수 그리스도로 말미암아 구원을 받게 하심이라. 예수께서 우리를 위하여 죽으사 우리로 하여금 깨어 있든지 자든지 자기와 함께 살게 하려 하셨느니라. 그러므로 피차 권면하고 서로 덕을 세우기를 너희가 하는 것같이 하라."

바울은 약속 있는 미래를 통해 어린 그리스도인들을 격려한다. 그들에겐 하나님의 진노와 끔찍한 심판 대신 구원이 기다리고 있다. "하나님이 우리를 세우심은 노하심에 이르게 하심이 아니요 오직 우리 주 예수 그리스도로 말미암아 구원을 받게 하심이라"(5:9). 최후의 승리는 우리 것이다. 지금의 삶이 복된 것은 예수께서 죽으심으로써 우리가 그와 함께 살며, 살든지 죽든지 그와 함께 살 것이기 때문이다. "예수께서 우리를 위하여 죽으사 우리로 하여금 깨어 있든지 자든지 자기와 함께 살게 하려 하셨느니라"(5:10).

그리스도인은 지금뿐 아니라 영원히 주와 함께 살 특권을 받았다. 우리의 삶은 운전자 없이 폭주하는 자동차가 아니며, 본능에 따라 배를 채우기 위해 사는 굶주린 짐승이 아니다. 우리 삶에는 하나님이 주신 목적과 의미가 있다.

준비됐는가?

—

마지막으로, 바울은 데살로니가전서 4장 13절부터 5장 11절에서 두 번에 걸쳐 서로 격려할 것을 권고한다. 4장 13~18절에서 소망으로 서로 격려할 것을 권고하고, 5장 1~11절에서 도덕적 삶을 격려하라고 말한다. 또한 말씀을 전하는 자에게도 권면의 의무가 있음을 주지한다. 설교자가 모든 것을 할 수는 없다. 그들은 일을 시작할 뿐이다. 건강한 교회의 성도는 하나님의 말씀을 먹고 (신 8:3), 서로 나누며, 서로 격려한다.

1833년의 어느 날 이른 아침, 깜짝 놀란 아이가 달려와 엄마에게 말했다. "아, 어머니, 마침내 종말이 오려나 봐요. 별들이 땅에 떨어지고 있어요!" 자다가 놀라서 잠이 깬 엄마는 창가로 달려가 밖을 내다보았다. 역사상 유례없는 유성 쇼가 펼쳐지고 있었다. 어떤 목격자는 자기가 평생 목격한 그 어떤 눈보라보다 더 많은 별똥별이 그날 하늘에서 쏟아졌다고 기록했다. 유성은 어떤 소리도 내지 않았고, 지면까지 도달하지도 않았지만, 사람들은 모두 땅에 얼굴을 처박은 채, 세상의 끝이 도래했다고 생각했다. 그러나 그 광경을 목도한 엄마의 반응은 달랐다.

"하나님, 감사합니다. 저는 준비됐습니다!"

친구여, 당신도 여기에 준비가 되었다면, 모든 준비를 마친 셈이다. 당신은 준비됐는가? 그렇게 살고 있는가? 이 말씀으로 서로 격려하고, 서로 위로하고, 서로 권면하라.

마크 데버

5

리곤 던컨

하나님을 상속받는 사람들

로마서 8:16~25

J. Ligon Duncan III

5

로마서 6~8장에서 바울은 어떻게 하나님의 은혜가 우리 삶에서 의를 이루는지를 강론한다. 로마서 8장은 성도의 삶에서 성령이 하시는 일을 다루고 있으며, 바울은 그리스도인이 살아가면서 부딪치는 실제적인 질문 아홉 개를 던진다.

1. 자기 안에 죄가 내재함에도 우리는 어떻게 은혜 가운데서 성장할 수 있을까(8:1~4)?
2. 경건한 삶과 세속적인 삶은 어떤 차이가 있는가(8:5~11)?
3. 성령은 우리가 하나님의 자녀임을 어떻게 보여주시는가 (8:12~17)?
4. 현재의 고난은 미래의 영광을 위해 어떤 방식으로 역사하는 가(8:18~25)?

5. 성령은 우리를 위해 어떻게 중보하시는가(8:26~27)?

6. 하나님의 약속이 성취될 것을 우리는 어떻게 확신하는가
   (8:28~30)?

7. 하나님은 우리를 어느 정도로 위하시는가(8:31~32)?

8. 하나님의 의롭다 하심 안에서 우리는 얼마나 안전한가
   (8:33~34)?

9. 우리는 어떻게 넉넉히 승리자가 되는가(8:35~39)?

아홉 개의 질문은 이 말씀을 직접 들었던 로마의 그리스도인 뿐 아니라 오늘날 우리에게도 너무나 실제적으로 다가온다.

현재의 고난과 미래의 영광은 연결되어 있다

우리가 살펴볼 로마서 8장 16~25절에서 바울은 세 번째와 네 번째 질문에 답한다. 현재의 고난과 장래의 영광을 다루는데, 이 둘은 매우 긴밀하게 연결되어 있다. 우리가 현재 겪는 고난은 미래의 영광을 위해 어쩔 수 없이 당해야 한다거나, 또한 우연히 만나게 되는 것도 아니다. 현재의 고난에는 목적이 있으며, 하나님의 양자 됨 및 장래에 얻게 될 영광과 깊이 연결되어 있다.

하나님이 성경에서 보여주시는 마지막 때의 모습(종말론으로 알려진)에는 '지금'과 '장래'의 측면이 함께 있음을 먼저 이해해야

한다. 대부분은 이 사실을 인정한다. 다만 복음주의자는 '장래'만 지나치게 강조하고, '지금'에 대해서는 소홀히 한다는 비판이 일부 있다. 또한 개인 구원을 강조하다 보니 새 하늘과 새 땅이라는 큰 그림을 놓치고 있는데, 사실상 개인 구원은 이 큰 그림의 일부일 뿐임을 알아야 한다는 주장도 있다. 개인은 큰 벽을 이루어가는 하나의 벽돌이며, 우리는 보다 큰 무엇의 일부라는 것이다.

그러나 우리는 '지금'과 '장래' 모두 중요하다고 확증한다. 새로운 개념은 아니다. 성경은 현재가 영원히 중요하며 또한 영원이 현재에 중요하다는 사실을 한결같이 가르친다. 그리스도인은 이 사실을 처음부터 이해했다. 바울은 이 사실을 로마서 8장 16~25절에서 설명한다.

고난에 대해 생각하다

로마서 8장 16~17절에서 바울은, 고난당하는 중에 있는 우리에게 성령께서 하나님의 양자임을 증언하신다고 말한다. "성령이 친히 우리의 영과 더불어 우리가 하나님의 자녀인 것을 증언하시나니 자녀이면 또한 상속자 곧 하나님의 상속자요 그리스도와 함께한 상속자니 우리가 그와 함께 영광을 받기 위하여 고난도 함께 받아야 할 것이니라." 그리스도인은 성령의 증언에 힘입어 하나님의 자녀임을 확신한다. 성령은 우리가 예수 그리스도와 함께 공동 상속자임을 우리 영에 증언한다.

혹시 바울이 17절 후반부를 생략했으면 더 좋았겠다고 생각한

적은 없는가? "…우리가 그와 함께 영광을 받기 위하여 고난도 함께 받아야 할 것이니라." 이 구절은 빌립보서 1장 29절과 비슷하다. "그리스도를 위하여 너희에게 은혜를 주신 것은 다만 그를 믿을 뿐 아니라 또한 그를 위하여 고난도 받게 하려 하심이라." 바울은 왜 고난에 대한 부분을 추가해야 했을까? 주 예수 그리스도를 믿는 것은 사실 대단한 은혜다. 그런데 그를 위해 고난을 당하는 것도 역시 은혜임을 말한다. 같은 원리가 로마서 8장 16절에도 적용된다. 바울은 우리의 고난이 하나님의 자녀 됨을 증거한다고 말한다. 그리스도인의 고난은 우연의 산물이 아니며 무의미한 것도 아니다. 우리의 고난은 우리가 하나님의 자녀임을 증명한다.

바울은 확신의 근거를 객관적 증거나 주관적 증거, 둘 다에 둔다. 즉, 확신의 근거에는 내적 측면과 외적 측면이 있다. 또한 바울은 성령이 우리에게 확신을 준다고 말한다. 사람은 그런 확신을 줄 수 없다. 복음을 전할 때는 이 사실을 명심해야 한다. 우리는 성령의 증거를 대체할 수 없다.

성령의 증언이 있다고 해서 고난을 받지 않는 것은 아니다. 하나님께는 죄가 없는 아들이 한 분 있지만, 고난을 당하지 않는 자녀는 없다. 그리스도인으로 사는 자에게는 반드시 고난이 있음을 미리 알아야 한다고 바울은 설명한다.

당신은 고난을 어떻게 생각하는가? 의도적으로 무시하는가? 입술을 꽉 깨문 채 의연히 대처하려 하는가? 고난 때문에 삶을 괴로워하면서 하나님께 화를 내고 있는가? 고난 때문에 절망에 빠지거나 무감각해진 것은 아닌가? 바울은 하나님의 자녀에게 고난과 시험, 환난에 대한 바른 이해가 매우 중요함을 알고 있다. 고난에는 장래의 영광을 위한 하나님의 목적이 담겨 있기 때문이다. 믿음이 부족해서 고난, 아픔, 가난을 겪는다고 생각한다면 바울의 가르침을 제대로 이해하지 못하는 것이다. 하나님조차 우리의 고난에 놀라신다고 말하는 사람은 우리가 겪는 고난에 담긴 하나님의 놀라운 목적을 전혀 이해할 수 없을 것이다.

바울은 말한다. "우리가 하나님의 자녀인 것을 증언하시나니 자녀이면 또한 상속자 곧 하나님의 상속자요"(8:16~17). 우리는 정확히 무엇을 상속받는가? 우리는 하나님이 아브라함에게 주신 모든 약속에 대한 상속자다. 주 예수 그리스도를 믿는 자는 모두 아브라함 언약의 상속인이다. 하나님이 아브라함에게 약속한 모든 것이 당신의 것이다.

위대한 유산

하나님이 주시는 것은 그저 물건들이 아니다. 아브라함 언약에 담긴 최대 유산은 하나님 자체다. "나는 너의 하나님이 될 것이며, 너는 내 백성이 될 것이다." 그리스도인은 무엇을 상속받는가? 바로 하나님이다. 하나님이 우리 유산이다. 바울은 거기에서 한 걸음 더 나아간다. 바울은 우리가 "그리스도와 함께한 상속자"(롬 8:17)라고 말한다. 예수에게 속한 것은 또한 당신 것이다. 당신이 그분에게 속했기 때문이다.

고난과 영광의 네 가지 측면

바울은 로마서 8장 18~25절에서 네 가지로 가르침을 정리한다.

현재의 고난

먼저 18절은 "현재의 고난"에 대해 이야기한다. 이 말씀은 당신이 하나님의 자녀이고, 성령 충만하고, 주 예수 그리스도를 성실히 따르고, 구속받았고, 부르심을 입었으며, 의롭다 하심을 받았고 양자가 되었다고 성령이 당신의 영에 증거하실지라도, 그것이 고통 없는 삶을 보장하지는 않는다는 뜻이다. 오히려 그럴수록 고난이 보장되어 있음을 알아야 한다. 먼저는 우리가 아픔을 피할 수 없는 타락한 세상에 살고 있기 때문에 그렇고, 또한 우리가 진정으로 하나님의 자녀이기에 내적·외적으로 고난을 받는다.

그리스도인으로 살면서 이 교훈을 얼마나 많이 배우고, 잊어버리고, 다시 배우기를 반복했는지 모른다. 뜻밖에 고난이 닥치면, 나는 절망에 빠져 이렇게 외쳤다. "뭔가 잘못된 게 틀림없군. 이래선 안 되지!" 그러나 바울은 우리가 옛 피조물 가운데서 새 피조물이 되었기 때문에 고난을 받는다고 설명한다. 하나님은 우리의 고난에 목적을 갖고 계시며, 이는 지금 시작되어 장래까지 이어진다.

마거릿 클락슨의 찬송시는 이렇게 시작한다.

전능한 아버지, 우리 아픔의 주여.[1]

주권자 아버지는 복된 하나님일 뿐만 아니라 우리 아픔에도 깊이 관여하시는 분이다. 하나님은 우리를 향한 영원한 목적을 위해 고난을 사용하시며, 우리의 상상을 뛰어넘는 영광을 주신다.

장래의 영광

로마서 8장 18절에서 바울은 우리의 시선을 미래로 이끈다. "생각하건대 현재의 고난은 장차 우리에게 나타날 영광과 비교할 수 없도다." 우리가 여기에서 당하는 시련은 진짜다. 너무나 압도적이어서 도저히 견뎌낼 수 없을 것만 같다. 자기의 출생을 저주한 욥의 심정을 공감한다. 그러나 바울은 우리가 겪는 모든 고난을 다 합쳐도, 장차 나타날 영광과 비교할 수 없다고 단언한다. 지금 우리 눈앞에 '장래'에 나타날 영광이 주어졌다. 이는 우리가 현실을 외면한 채 '그림의 떡'이나 구하라는 의미가 아니다. 오히려 지금 여기에서 난관에 부닥쳤을 때 우리가 인내하고, 복을 빌 수 있도록 힘을 더한다.

바울이 말하는 "현재의 고난"은 우리가 내적으로 죄와 싸우는 고난과 외적으로 타락한 세상에서 겪게 되는 고난을 모두 아우른다. 그럼에도 우리가 내외적으로 겪는 고난은 장래 영광과 족히 비교할 수 없다. 바울은 하나님이 이 고난들을 사용하여 장래의 영광을 만들어내시며, 당신과 당신 안에서 이 영광을 드러내신다고 말한다.

하나님은 당신이 예수 그리스도를 닮도록 하실 것이기에, 만일 영광스럽게 변한 당신의 모습을 지금 볼 수만 있다면, 사도 요한이 계시록에서 천사를 보고 엎드려 경배하려 했듯이, 당신 앞에 꿇어 엎드리려 할지도 모른다. 하나님이 당신 안에서 생산하시는 영광은 고난과는 비교할 수 없이 중한데, 이 고난이 당신을 예수님처럼 만들 것이기 때문이다.

《반지의 제왕》에서 아라곤은 왕으로서 오랜 통치를 마친 후 마침내 죽는다. 톨킨은 그의 몸에 대해 이렇게 기술한다.

> 그의 몸이 영광스럽게 변했다. 찾아온 자들은 모두 경이에 차서 이를 지켜보았다. 그의 몸에서 소년 때의 아름다움과 장년 때의 용기, 노년 때의 지혜와 위엄이 조화를 이루며 서려 나왔다. 세상이 시작되기 전, 영광스러웠던 인간 왕의 모습으로 거기에 누워 있었다.[2]

비슷한 일이 당신에게도 일어난다. 심지어 계속 그 모습으로 살아간다! 언젠가 우리는 천국에서 만나 서로에게 이렇게 외칠 것이다. "완벽하군!" 우리는 지금 하나님이 우리 안에서 하시는 일을 부분적으로 보고 경탄한다. 마침내 그분이 우리를 완전하게 하실 때 우리는 깜짝 놀랄 것이다. 그때 동산에서 뱀은 아담과 하와에게 이렇게 말했다. "저 과일을 먹어. 그러면 하나님처럼 될 거야." 아담과 하와는 이렇게 대답했어야 했다. "'하나님처럼 될 거라니 대체 뭔 소리야? 우리는 이미 하나님을 닮았어! 우리는 하나님의 형상과 모양대로 지음받았다고."

그들은 그 열매를 먹어버렸다. 그러나 사탄의 약속과는 달리 그는 하나님의 형상에서 멀어졌다. 그 형상이 사라지지는 않았지만, 크게 흐려졌다. 하지만 하나님은 우리를 구원하심으로써 죄를 사하시고 우리를 다시 받아들이셨다. 그리고 다시 하나님의 형상을 온전히 회복하는 과정을 시작하셨다. 언젠가 그분은 우리를 보실 것이며, 우리는 그와 같을 것이다. 요한은 이렇게 말한다. "그가 나타나시면 우리가 그와 같을 줄을 아는 것은 그의 참모습 그대로 볼 것이기 때문이니"(요일 3:2). 하나님은 (심지어) 고난 가운데서도 당신을 자신과 같이 만들어가신다.

놀랍지 않은가? 구주께서도 고난을 통해 순종을 배우셨을진대(히 5:8), 당신이라고 해서 다를 것 같은가? 하나님은 자기 아들에 대해 계획이 있었을까? 당연히 그랬다. 하나님은 하나님의 자녀에 대해서도 계획을 갖고 계실까? 그러하다. 사도 바울은 현재의 고난을 보면서 장래의 영광을 보지 못하고 지나치는 것은 불가능하다고 말한다. 하나님은 당신에 대해 일을 꾸미신다. 하나님은 당신을 자기처럼 만들려고 하신다.

피조물이 회복되다

로마서 8장 19~21절을 보자. 하나님이 만드신 온 우주는 타락한 세상에서 벗어나려 애쓰면서 장래의 영광을 고대한다. 바울은 말한다.

피조물이 고대하는 바는 하나님의 아들들이 나타나는 것이니 피조물이 허무한 데 굴복하는 것은 자기 뜻이 아니요 오직 굴복하게 하시는 이로 말미암음이라. 그 바라는 것은 피조물도 썩어짐의 종노릇 한 데서 해방되어 하나님의 자녀들의 영광의 자유에 이르는 것이니라.

창세기 3장을 보면 아담이 죄를 지음으로써 피조물이 저주를 받았다. 전도서에서 전도자가 말한 헛됨은 우리뿐 아니라 모든 피조물에 적용된다. 피조물도 허무로부터 고통을 당하고 있다.

바울은 당신이 고난을 받을 때, 피조물도 좌절하고 있음을 깨달으라고 말한다. 당신뿐 아니라 모든 옛 피조물이 새 피조물의 도래를 고대하고 있다. 옛 하늘과 옛 땅에서 새 하늘과 새 땅을 고대하는 것은 당신만이 아니다. "피조물이 다 이제까지 함께 탄식하며 함께 고통을 겪고 있는 것을 우리가 아느니라"(롬 8:22).

피조물에 대한 바울의 말에 대해, 복음주의자는 개별적 칭의와 종말론을 지나치게 강조하는 반면, 새 피조물은 간과한다는 비판을 받기도 한다. 정작 중요한 것은 새 피조물이라는 것이다. 이들은 우리가 새 피조물의 일부일 뿐이라고 말한다. 그러나 19절을 보라. 피조물은 무엇을 고대하는가? "피조물이 고대하는 바는 하나님의 아들들이 나타나는 것이니." 그렇다! 새 피조물은 당신을 기다리고 있다.

톰 슈라이너가 말한다.

피조물이 이 본문의 주체인 것은 맞지만, 바울이 말하려는 주제의 중심은 아니다. 피조물이 고대하는 것은 하나님의 아들들이 마지막 때에 나타나는 것이다. 초점은 피조물의 변신이 아니라 하나님의 자녀를 위해 예비 된 장래의 구원이다.[3]

하나님이 자기 백성 즉, 교회를 드러냄으로써 자기 영광을 보이실 때, 피조물은 감탄할 것이다. 결국 피조물의 존재 목적은 하나님의 영광을 선포하는 것이다(시 19편). 하나님이 구속하신 백성을 드러내실 때, 피조물은 노래하며 외칠 것이다. "주께서 하신 일을 보라!" 바울은 하나님이 우리를 위해 우리 안에서 하신 일을 보고 모든 피조물이 경의를 표하실 것을 잊지 말라고 한다.

인내의 삶

바울은 이제 이러한 사실 앞에서 아픔과 고통과 허무를 감내하며, 미래의 영광을 바라보고 살아야 함을 강조한다(롬 8:23~25). "그뿐 아니라 또한 우리 곧 성령의 처음 익은 열매를 받은 우리까지도 속으로 탄식하여 양자 될 것 곧 우리 몸의 속량을 기다리느니라"(8:23). 바울은 16절에서 우리가 하나님의 자녀임을 성령께서 증언한다고 말하지 않았던가? 양자 될 것을 기다린다는 것은 무슨 말인가? 우리가 하나님의 자녀라면, 도대체 무엇을 기다리는 것일까?

우리는 몸의 속량을 기다린다. 우리의 장래 소망은 중간 상태가 아니다. 물론 우리가 몸을 떠나 주와 함께 있는 것도 지극히 소중하다. 그러나 그것이 최종 소망은 아니다. 우리의 복된 소망은, 욥의 표현을 빌자면 다음과 같다.

> 내 가죽이 벗김을 당한 뒤에도 내가 육체 밖에서 하나님을 보리라(욥 19:26).

하나님은 우리의 썩을 몸을 구속하실 것이며, 썩지 않을 몸으로 바꾸실 것이다. 우리는 하나님이 원래 의도하신 온전한 인간의 모습이 될 것이다. 그 후에 우리의 양자 됨이 확증되고, 전 우주에 선포될 것이다. 그리스도인의 목숨을 빼앗은 영광스럽게 변한 순교자의 몸을 볼 것이며, 하나님의 음성을 듣게 될 것이다. "이는 나의 자녀다." 그날에 하나님과 그의 백성을 미워한 자들은 크게 떨 것이며, 하나님이 자기 백성을 구속하고 양자 삼는 것을 목격할 것이다.

형제들이여, 우리는 이 장래 소망을 바라보아야 한다. 우리가 지금 몸으로 당하는 고난을 상관하지 말고 그리해야 한다. "우리가 소망으로 구원을 얻었으매 보이는 소망이 소망이 아니니 보는 것을 누가 바라리요 만일 우리가 보지 못하는 것을 바라면 참음으로 기다릴지니라"(롬 8:24~25).

바울은 그리스도인의 삶이 근본적으로 참으며 기다리는 삶이라고 강조한다. 비록 이 약속을 미리 맛보기는 하지만, 세상에 사

　　　　　　　　　　　　　　　　　　리곤 던컨

는 동안 이 약속이 완전히 성취되는 것을 볼 수는 없다. 그러므로 우리는 소망 안에서 살아야 한다. 우리가 '지금'에만 초점을 맞추면, 지금 제대로 사는 것에 실패할 수밖에 없다. 반면에 우리가 하나님이 '장래'에 이루실 일에 초점을 맞추면, 우리는 '지금' 인내하며 장래에 이르기까지 살아갈 수 있다.

인내와 견인은 종종 과소평가된다. 개혁대학생선교회Reformed University Fellowship 총재인 톰 캐논은 캠퍼스 사역자들에게 이렇게 말한다. "인내는 언제나 열정을 능가한다." 이는 모든 그리스도인을 위한 좋은 충고다. 특히 목회자들은 명심해야 한다. 로마서 8장 16~25절은 어떻게 인내해야 하는지를 말해준다. 우리는 미래의 소망에 시선을 고정해야 한다.

장래의 소망으로 인내하다

만약 우리의 소망이 장래에 있다면, 우리는 '지금'을 멀리하게 되지 않을까? 함께 생각해볼 만한 사례를 예로 들어 답하겠다. 어떤 이는 칭의 교리가 지나치게 개인주의적이고, 미래지향적이며, 비사회적이라고 비판한다. 따라서 칭의 교리를 더욱 '사회적'으로 수정해서, 현 세상에 더욱 적극 개입하도록 해야 한다고 주장한다. 그러나 존 뉴턴과 윌리엄 윌버포스가 마지막까지 노예제를 폐지하도록 힘을 실어준 것은 개신교 개혁주의 칭의 교리 덕분이었다. 개혁주의 칭의 교리는 대영 제국의 노예제를 끝장냈다. 그들은 이 말씀을 제대로 이해했다.

'장래'에 소망을 두지 않은 자는 지금 제대로 살 수 없다. '장래' 소망이 없으면, '지금' 세상에 완전히 압도되어 살아남을 수 없다. 바울은 미래를 바라보며, 장래의 우리 모습을 그리면서, 하나님의 영광을 위해 고난을 견디고 인내하라고 가르친다.

웨스트민스터 총회의 회원이었던 스티븐 마샬은 하나님이 고난을 통해 자기 교회를 세우신다는 사실을 이렇게 설명했다.

> 하나님이 영원을 두고 이루시려는 영광은 시온을 건축하시는 이 일을 통해서만 성취된다. 오직 이 일만이 영원을 향한 그의 영광을 비추는 유일한 기념물이 될 것이다. 지금 여러분이 목도하고 사용하는 이 훌륭한 세상, 이 하늘과 땅은 하나님이 한 주 동안, 수천 년 동안 잠시 사용하기 위해 세우신 작업실일 뿐이다. … 하나님이 하시는 일을 마치면, 이 진흙덩이를 던져 버리실 것이며, 더 이상 아무런 영광도 취하지 않으실 것이다. … 그러나 하나님이 더 높은 뜻을 위해 세우시는 이 작품[그의 교회, 그의 백성]은 그의 거룩과 영광을 드러내는 영원한 집이 될 것이다. 이것이 그의 도시이며, 그의 성전이며, 그의 집이다.[4]

하나님이 짓고 계신 것은 당신이며, 그것이 당신의 운명이다. 더 나은 집이 되는 것.

6

아우구스투스 로페스

믿는 자는 예수의 일을 한다

요한복음 14:1~14

Augustus Nicodemus Lopers

6

예수는 배반당하시던 날 밤 다락방에서 제자들에게 이 말씀을 하신다. 그 며칠 전, 예수는 유대인이 고대하던 왕으로서 나귀를 타고 유월절을 지키기 위해 예루살렘으로 들어오셨다(12:12~19). 이 기간에 어떤 헬라인들이 그분을 보러 왔다. 예수는 이제 유대인과 이방인을 모두 포함한 자기 백성을 위해 고난받고 죽을 때가 되었음을 아셨다(12:20~26). 바리새인, 서기관, 대제사장이 예수에 대한 반감을 부추기면서, 수많은 이적을 보면서도 유대인들은 예수가 하나님의 아들 곧 메시아임을 믿지 않았다(12:27~50).

그럼에도 예수는 자기를 믿고 따르던 제자들에게 시선을 돌린다. 그들을 다락방으로 불러 곧 다가올 자신의 수난과 죽음을 준비하게 한다. 예수께서 제자들의 발을 씻기신 것은 앞으로 자기 피로 그들의 죄를 씻어내신다는 뜻으로, 영적 정화를 의미했다

(13:1~20). 이어서 그분은 배신자를 지목하였고, 사탄이 들어간 후에 유다는 곧 방을 나선다(13:21~30).

그다음 예수는 제자들에게 앞으로 닥칠 일을 이야기하는데, 곧 그들을 떠나 제자들이 따라올 수 없는 곳으로 갈 것이며, 나중에야 자신을 따라오게 될 것이라고 말한다. 그리고 제자들에게 서로 사랑하라는 새 계명을 주신다(13:34~35). 이때 베드로는 그들을 곧 떠나신다는 예수의 말씀에 크게 동요한다. 또한 그날 밤 자기가 세 번이나 예수를 배반하리라는 말을 듣고 더욱 불안해한다(13:36~38).

이러한 배경에서 예수의 고별 설교가 이어진다. 설교의 직접적인 목적은 동요하는 제자들을 다독이려는 것이었다. 그리고 그 안에 담긴 궁극적인 뜻은 아버지의 집과 그에 이르는 길을 가르치는 데 있었다.

근심하지 말아야 할 이유

요한복음 14장 1~14절은 다섯 부분으로 나뉜다. 첫째, 예수가 제자들에게 근심하지 말라고 하신다(14:1). 둘째, 근심하지 말아야 할 이유 세 가지를 말씀하신다. 아버지 집에 거할 곳이 많고(14:2), 예수께서 그들을 위해 처소를 예비하러 가며(14:2), 예수가 다시 와서 그들을 영접하여 영원히 함께할 것이기 때문이다(14:3). 셋째, 예수는 아버지께 가는 길을 가르치신다(14:4~6). 넷째, 제자들은 예수를 믿음으로써 아버지 집에 가기 전이라도, 지금 여기에서 아버지를 즐거워할 수 있다(14:7~11). 다섯째, 지금 여기에서 아버지를 알 수 있을 뿐 아니라, 예수를 믿음으로써 예수의 사역을 이어나갈 수 있다(14:12~14).

각 부분을 자세히 알아보자.

1. 너희는 마음에 근심하지 말라

예수는 1절에서 이렇게 말씀하신다. "너희는 마음에 근심하지 말라. 하나님을 믿으니 또 나를 믿으라." 예수 역시 걱정이 많지만 (12:27), 그는 친구들의 안위를 먼저 생각한다. 이것이 구세주의 마음이다. 자기의 고난 한가운데서 자기에게 속한 자들을 세심하게 돌보신다.

상술했듯이, 제자들은 예수가 말한 두 가지 때문에 근심했다. 첫째, 예수는 그들을 떠나갈 것이며, 그들은 그분을 따라갈 수 없다. 예수는 임박한 죽음을 가리켰지만, 제자들은 그 사실을 깨닫지 못한다. 그들은 예수가 자기들을 버리고 알지 못하는 곳으로 간다고 생각하고 슬퍼했다. 그들은 슬펐고 또한 당황했으며 혼란스러웠다. 오래 기다리던 하나님의 왕국을 회복할 분이 어디로 떠난단 말인가?

둘째, 예수는 베드로가 그날 밤 세 번 자기를 부인하리라고 단언했다. 제자들의 마음은 수치와 공포로 소용돌이쳤다. 그래서 예수는 먼저 제자들에게 말씀하신다. "너희는 마음에 근심하지 말라." 그리고 격려한다. "하나님을 믿으니 또 나를 믿으라"(14:1).

여기서 예수의 말뜻은 이러하다. 하나님을 믿고 예수 그리스도를 믿으면, 예수의 이별과 베드로의 부인을 생각할 때 불안하더라도 제자들은 안심할 수 있다. 그들이 하나님을 믿듯이 예수를 믿어야 함은 예수와 아버지가 하나이기 때문이다. 하나님처럼 예수는 그들을 결코 홀로 내버려두지 않을 것이며, 넘어진 베드로를 버리지 않을 것이다. 예수가 하나님이심이 그들의 소망과 위안의 근거다.

2. 근심하지 말아야 할 세 가지 이유

이어서 예수가 말씀하신다. "내 아버지 집에 거할 곳이 많도다. 그렇지 않으면 너희에게 일렀으리라. 내가 너희를 위하여 거처를 예비하러 가노니 가서 너희를 위하여 거처를 예비하면 내가 다시 와서 너희를 내게로 영접하여 나 있는 곳에 너희도 있게 하리라"(14:2~3). 예수는 그들이 황망함 가운데서 평정을 찾아야 할 세 가지 이유를 제시한다.

첫째, 아버지 집에는 거할 곳이 많다. 여기서 두 가지 의문이 생긴다. 아버지 집이 무엇인가? 또한 "거할 곳이 많다"는 것은 무슨 뜻인가? 예수는 죽음과 부활 후 아버지가 계시는 천국에 갈 것이며, 그곳에 거하실 것이다. 아버지 집에 "거할 곳이 많다"는 것은 그곳이 그들뿐 아니라 나중에 오게 될 모든 사람, 즉 예수를 찾

아우구스투스 로페스

아울 헬라인과 나중에 예수를 믿게 될 모든 이방인까지 다 수용할수 있다는 뜻이다. 예수가 이곳을 "내 아버지 집"이라고 부르는 이유는 친근한 비유로 제자들을 위로할 뿐 아니라, 제자들이 곧 쫓겨나게 될 예루살렘 성전, 곧 지상의 하나님 집과 대비하려는 것이었다.

둘째, 그들이 근심하지 말아야 할 이유는 예수가 그들을 위하여 처소를 예비하러 가기 때문이다(14:2). '예비'란 어떤 의미일까? 이 단어를 보면서 주 예수 그리스도께서 지금 우리를 위해 천국에서 집이나 저택을 짓고 있다고 생각해선 안 된다. 증개축을 하시는 것도 아니다. 이곳은 창세로부터 이미 예비되어 있기 때문이다. 예수는 마태복음에서 구원받을 자들에게 이렇게 말씀하신다. "내 아버지께 복받을 자들이여 나아와 창세로부터 너희를 위하여 예비된 나라를 상속받으라"(마 25:34). 히브리서 저자는 하나님의 안식에 대해 이렇게 말한다. "세상을 창조할 때부터 그 일이 이루어졌느니라"(히 4:3). 그렇다면 여기서 말하는 '예비'는 무엇을 말하는가?

나는 예수의 죽음과 부활이 곧 예비라고 믿는다. 예수는 자신의 죽음과 부활로써 우리와 그들을 위해 처소를 예비하러 가신다. 처소는 준비되었으나, 우리는 그곳에 갈 수 없다. 예수는 그들의 죄를 위해 십자가에서 죽으심으로 자기 백성을 위한 처소를 예비하신다. 그분은 아버지 집에 이르는 길을 여셨으며, 그것이 여의치 못했다면 진즉에 말씀하셨을 것이다. 따라서 제자들이 마음속으로 근심하는 그 이유가 사실은 우리에게 기쁨과 소망, 위로가 된다. 우리가 아버지 집에 들어가기 위해서는 그분과의 이별이 불가피하다.

셋째, 제자들이 근심하지 말아야 할 이유는 예수가 그들을 위해 처소를 예비한 후, 다시 와서 그들을 영접하고, 그들과 영원히 함께할 것이기 때문이다. "가서 너희를 위하여 처소를 예비하면 내가 다시 와서 너희를 내게로 영접하여 나 있는 곳에 너희도 있게 하리라"(14:3). 예수는 왜 다시 와서 제자들을 영접할 것인지를 말씀하신다. 여기서 두어 가지 의문이 생긴다. 그분은 언제 다시 오셔서 그들을 영접할 것인가? 그들이 예수와 함께 영원히 거한다는 것은 무슨 뜻인가?

첫째 의문을 살펴보자. 3절에 따르면, 언제 예수께서 그들에게 다시 돌아올 것인가? 교회 역사를 보면 이 질문에 관해 다양한 답변이 주어졌다. 어떤 이는 이것이 예수의 부활을 뜻한다고 본다. 또 다른 이는 오순절 성령으로 예수께서 돌아오셨고, 오늘까지 우리와 함께하신다고 믿는다. 또는 스데반이 돌에 맞아 죽은 후 예수를 만난 것처럼(행 7:56), 우리 사후에 예수께서 우리를 만나신다고 말하는 이도 있다. 또 어떤 이는 예수가 재림에 관해 말씀하신 것이라고 주장하며, 또 다른 이는 이 진술은 의도적으로 모호하게 표현되었고 상기 모든 해석을 포괄한다고 말한다.

나는 예수의 재림을 가리킨다고 생각한다. 물론 다른 해석을 배제하는 것은 아니다. 요한복음에는 예수가 제자들에게 오신다

아우구스투스 로페스

는 표현이 여러 번 등장하는데, 상기 의미들을 내포한다. 그럼에도 이 문맥에서 재림이 가장 합당하게 보이는 이유는 예수가 하신 말씀 때문이다. "내가 아버지 집에서 다시 돌아올 것이다. 너희를 영접할 것이며, 우리는 영원히 함께할 것이다." 즉, 예수는 이런 의미로 말씀하신다. "근심하지 말라. 나는 죽을 것이지만 다시 살 것이다. 나는 천국에 갈 것이지만, 천하 모든 사람이 지켜보는 가운데 다시 돌아올 것이며, 너희를 영접하여 영원히 함께 살 것이다." 이것이 최선의 해석이다.

다음 질문을 살펴보자. 예수께서 다시 돌아온 후, 예수의 사람들은 정확히 어디에서 영원히 함께 살게 될까? 본문을 보면, 예수는 아버지 집에서 돌아온 후 제자들을 영접하신다. 문맥의 흐름상, 바로 이 아버지 집에서 그들은 영원히 함께 산다. "내가 다시 와서 너희를 내게로 영접하여 나 있는 곳에 너희도 있게 하리라"(14:3). 존 파이퍼는 여기서 예수의 관심은 장소에 있지 않으며, 바로 자기 자신에게 있다고 지적한다. 예수는 제자들을 자기에게로 이끈다. 즉, 제자들은 예수와 함께 있게 된다.

2절을 보면, 아버지 집은 천국 곧 하나님이 계신 곳처럼 보인다. 그러나 천국은 우리의 최종 목적지가 아니다! 우리는 천국에서 영원히 머물지 않는다. 그곳은 거쳐 가는 곳이다. 3절에서 예수는 아버지 집의 개념을 확장하신다. 이곳은 그가 다시 돌아와서 세울 새 왕국, 새 세상을 포함한다. 거기에서 그분은 자기 백성과 영원히 함께 살 것이다. 천국은 이 땅에서 지속될 것이다. 즉, 아버지 집은 하나님 왕국이며, 이는 사후의 천국 및 새 하늘과 새 땅을 모두 아우른다. 우리는 여기에서 예수와 영원히 함께할 것이다. 이 두 무대를 하나로 묶어주는 것은 예수가 거기에 있으리라는 사실이다.

우리는 여기에서 존 파이퍼와 카슨이 이야기한 것, 즉 예언은 두세 개의 산을 한꺼번에 조망하는 것과 같다는 사실을 적용할 수 있다. 예수가 말하는 아버지 집은 그가 죽음과 부활 후에 가게 될 천국 곧, 우리가 사후에 가는 천국뿐 아니라, 천국의 연장이라 할 수 있는 새 하늘과 새 땅까지 아우른 의미다. 예수는 우리가 사후에 들어갈 그리고 영원히 살게 될 하나님 왕국을 가리킴으로써 제자들의 마음을 위로하신다.

3. 아버지 집에 이르는 길이 여기 있다

본문은 이어진다.

> 내가 어디로 가는지 그 길을 너희가 아느니라. 도마가 이르되 주여 주께서 어디로 가시는지 우리가 알지 못하거늘 그 길을 어찌 알겠사옵나이까 예수께서 이르시되 내가 곧 길이요 진리요 생명이니 나로 말미암지 않고는 아버지께로 올 자가 없느니라. 너희가 나를 알았더라면 내 아버지도 알았으리로다. 이제부터는 너희가 그를 알았고 또 보았느니라(요 14:4~7).

일견 예수는 제자들이 자기 말을 이해하고 있으며 자신이 가는 곳과 그곳에 이르는 길을 알고 있다고 여기는 것 같다. 그런 생각도 무리는 아니다. 예수는 3년 동안 제자들에게 하나님 나라에 대해서 가르쳤으며, 자기가 아버지와 하나이며, 영생을 얻으려면 자기를 믿어야 함을 누누이 강조했다.

그러나 도마의 반응을 보면, 제자들은 예수의 말을 알아듣지 못했다. 도마는 다른 제자들을 대변해서 예수가 어디로 가시며, 어떻게 거기에 갈 수 있는지 알지 못한다고 항변한다(14:5). 예수께서 제자들의 이해력을 오판한 것이 아니다. 복음서를 보면, 그들은 예수의 말씀을 한결같이 더디 이해했고, 종종 곡해했다. 예수는 제자들의 반응을 유도함으로써 자신이 아버지 집에 이르는 길이심을 가르치려 하셨다. "내가 곧 길이요 진리요 생명이니 나로 말미암지 않고는 아버지께로 올 자가 없느니라"(14:6).

그분은 아버지 집에 처소를 예비하러 갈 뿐 아니라, 그곳에 이르는 길이다. 제자들은 오직 그를 통해서만 아버지 집에 갈 수 있다. 나아가 예수가 길이기에, 그는 또한 진리이며 생명이시다. 그는 타락한 세상이 하나님께 어떻게 돌아올 수 있는지를 보여주기에 진리이며, 오직 그 안에서 세상이 영원한 삶을 누릴 수 있기에 생명이다. 따라서 예수를 통하지 않고서는 아무도 아버지께 올 수 없다. 그는 세상의 죄를 짊어질 하나님의 어린양이다. 아무도 이를 이루지 못했다. 예수는 자기 백성의 생명을 위해 자기 살과 피를 양식과 음료로 내어준다. 그래서 예수께서 길이요 진리요 생명이시다.

예수가 누구신지 제자들이 알았더라면, 그분이 아버지와 아버지 집에 이르는 길임을 이해했을 것이다. "너희가 나를 알았더라면 내 아버지도 알았으리로다"(14:7). 여기에는 꾸짖음이 담겨 있다. 그들은 이미 예수가 메시아이며 하나님의 아들일 뿐 아니라 하나님이심을 알았어야 했다. 예수를 보는 것은 하나님을 보는 것이고, 예수를 믿고 알고 보는 것은 곧 아버지를 알고 보는 것이며 아버지와 그의 집에 오는 것과 같다. 예수 그리스도가 그곳에 이르는 길 곧 아버지께로 가는 길이시다.

4. 지금 여기에서 아버지를 알다

빌립과 예수의 대화가 이어진다.

> 빌립이 이르되 주여 아버지를 우리에게 보여주옵소서. 그리하면 족하겠나이다. 예수께서 이르시되 빌립아 내가 이렇게 오래 너희와 함께 있으되 네가 나를 알지 못하느냐 나를 본 자는 아버지를 보았거늘 어찌하여 아버지를 보이라 하느냐 내가 아버지 안에 거하고 아버지는 내 안에 계신 것을 네가 믿지 아니하느냐 내가 너희에게 이르는 말은 스스로 하는 것이 아니라 아버지께서 내 안에 계셔서 그의 일을 하시는 것이라. 내가 아버지 안에 거하고 아버지께서 내 안에 계심을 믿으라. 그렇지 못하겠거든 행하는 그 일로 말미암아 나를 믿으라(요 14:8~11).

빌립은 마치 모세가 하나님께 요구한 것처럼 아버지를 보여 달라고 하는 것처럼 보인다. "원하건대 주의 영광을 내게 보이소 서"(출 33:18). 빌립은 불타는 떨기나무와 같은 하나님의 영광 또 는 하나님의 현현을 보길 원한다.

빌립 생각에는 하나님이 모습을 드러내기만 하면 모든 문제가 해결될 것만 같았다. 더 이상의 설명이 필요하지 않을 정도로 모 든 것이 확연해지리라는 기대였다. 하나님을 뵈면 다가올 시련과 수치와 공포도 능히 견딜 수 있다는 생각도 했다. "하나님을 보여 주세요. 보고 싶습니다." 그의 요청은 바로 전에 하신 예수의 말씀 에서 기인한 것 같다. "이제부터는 너희가 그를 알았고 또 보았느 니라"(14:7). 여기서 '이제부터는'이란 말은 예수의 죽음과 부활 이 후를 뜻할 것이다.

이제 그를 보리라는 예수의 말에 빌립이 맞장구를 친다. "내 말이 바로 그 말이에요. 이제 아버지를 보여주세요! 그러면 됩니 다!" 그런데 아버지를 보여달라는 빌립의 요청에 대한 예수의 대 답은 이미 그가 3년 동안이나 아버지를 보았다는 것이다. "빌립아 내가 이렇게 오래 너희와 함께 있으되 네가 나를 알지 못하느냐 나를 본 자는 아버지를 보았거늘 어찌하여 아버지를 보이라 하느 냐"(14:9).

빌립과 제자들은 예수님과 함께 그토록 오랜 시간을 보냈음에 도 어떻게 예수가 하나님이며 그를 보는 것이 곧 하나님을 보는 것임을 깨닫지 못했을까? 하나님이 그렇게 그들 곁에 늘 계셨는데! 그들은 하나님을 만졌고, 하나님과 이야기했고, 하나님과 함께 웃었고, 하나님과 함께 먹고 마셨으며, 하나님과 함께 먼 길을 걸어왔다.

빌립과 제자 들이 하나님과 예수에 대한 믿음이 부족했던 것은 아니다. 다만 그들은 예수의 신성을 제대로 알지 못했다. 예수는 보이지 않는 하나님의 온전하고 완벽한 형상이고, 그분의 광채이며, 아버지의 본성을 그대로 지닌 분이다.

예수는 빌립과 제자들에게 두 가지를 근거로 아들이 아버지 안에, 아버지가 아들 안에 있음을 믿으라고 하셨다. 첫째는 예수가 한 말씀인데, 이는 아버지에게서 온 것이었다. "내가 아버지 안에 거하고 아버지는 내 안에 계신 것을 네가 믿지 아니하느냐 내가 너희에게 이르는 말은 스스로 하는 것이 아니라 아버지께서 내 안에 계셔서 그의 일을 하시는 것이라"(14:10). 예수는 자신의 말씀이 있기에 자기를 믿으라고 하는데, 이 말은 아버지에게서 왔기 때문이다. 그러나 그분을 믿을 이유는 말뿐이 아니었다.

예수는 아버지가 자신을 통해 하시는 일들 때문에 자기를 믿으라고 한다. "내가 아버지 안에 거하고 아버지께서 내 안에 계심을 믿으라. 그렇지 못하겠거든 행하는 그 일로 말미암아 나를 믿으라"(14:11). 여기서 '그 일'이란 기본적으로 이적과 기사를 뜻한다. 이는 하나님이 그의 안에 계심을 보여주는 확실한 증거다. 예수는 물 위로 걸었고, 빵과 물고기를 크게 늘렸으며, 물을 포도주로 바꾸고, 죽은 자를 다시 살리셨다.

아우구스투스 로페스

물론 여기서 '일'은 이적에만 국한되지 않는다. 예수의 사랑, 아버지에 대한 순종, 죄인에 대한 연민, 가난한 자에 대한 사역을 모두 아우른다. 예수의 삶과 사역은 하나님이 그분 안에 계심으로 써만 설명될 수 있다. 만약 제자들이 지난 3년간 예수가 한 일을 근거로 예수가 하나님 안에, 하나님이 예수 안에 계심을 믿는다면, 그들은 아버지 집에 이르기 전에, 지금 여기에서 하나님을 볼 것이다. 마음이 괴로운 자들에게 이것이 얼마나 큰 위로인지!

5. 너희는 더 큰일을 할 것이다

예수께서 결론을 내리신다.

> 내가 진실로 진실로 너희에게 이르노니 나를 믿는 자는 내가 하는 일을 그도 할 것이요 또한 그보다 큰일도 하리니 이는 내가 아버지께로 감이라. 너희가 내 이름으로 무엇을 구하든지 내가 행하리니 이는 아버지로 하여금 아들로 말미암아 영광을 받으시게 하려 함이라. 내 이름으로 무엇이든지 내게 구하면 내가 행하리라(요 14:12~14).

잠시 숨을 고르고 요한복음 14장 1~14절의 현실적 목적이 무엇인지 다시 생각해보자. 예수는 제자들의 요동치는 마음을 다독이려 한다. 예수는 아버지 집에 그들이 거할 곳을 예비하러 간다고 말씀하신다. 거기에는 그들과 다른 이들을 위한 방이 많다. 그분은 다시 돌아와서 그들을 영접할 것이며, 영원히 함께할 것이다. 또한 그들은 이미 아버지를 알고 있으며, 예수를 믿음으로써 지금 여기서 아버지를 본다. 예수를 믿는 그들은 예수가 아버지께 가신 이후에 그분이 하던 일을 계속할 수 있을 것이다. 마음이 괴로운 자에게 이것이 얼마나 큰 위로인가! 예수는 그들에게 믿을 수 있는 미래를 제시하며, 그들은 선생이 하던 일을 계속하게 될 것이다.

이 놀라운 말씀에는 여러 교훈이 담겨 있으나, 두 가지 핵심에 집중하고자 한다.

더 큰 일, 더 큰 약속

첫째, 예수께서 말씀하시는 '일'이란 무엇인가? "내가 진실로 진실로 너희에게 이르노니 나를 믿는 자는 내가 하는 일을 그도 할 것이요…"(14:12). 먼저 기적과 이적을 생각할 수 있다. 오늘날에는 더 이상 이적이 없다는 신학적 견해를 견지하고자 이 해석을 배제할 필요는 없다. 사실 이 구절을 잘못 읽고 적용하는 오늘날의 거짓 선생과 거짓 선지자에 대해 과잉 반응하는 측면이 있다.

사실, 이적은 전체를 이루는 일부일 수 있다. 요한복음에서 '일'은 '이적'보다 훨씬 광범위한 의미로 사용된다. 일에는 상기한 바와 같이 예수가 한 일도 포함된다. 예수는 설교했고, 가르쳤으며, 가난한 자에게 복음을 전했고, 기적을 베풀었다. 이 모든 일이 예수의 열두 제자뿐 아니라 오늘날 그를 믿는 모든 자에 의해 지속된다.

둘째, 예수를 믿는 자들이 하게 될 일이 어떻게 더 큰일일 수 있을까? 가장 인기 있는 해석은 믿음이 큰 그리스도인은 예수보다 더 큰 이적을 행할 수 있다는 것이다. 오순절교회나 신오순절교회가 개혁교회를 수적으로 압도하는 브라질에선 이런 해석이 널리 퍼져 있다. 물 위를 걷거나, 빵과 물고기가 늘어나고, 죽은 지 나흘 된 자를 다시 살리는 이적에 비견할 만한 일은 오늘날 없음에도, 여전히 일부에선 이런 해석이 받아들여지고 있다.

바른 해석의 열쇠는 예수가 이런 말을 하는 이유와 이 일에 대한 예수의 약속이 무엇인지 확인하는 데 있다. 그들이 예수가 한 일 그리고 그보다 더 큰일을 하게 되는 까닭은 예수께서 아버지에게로 가시기 때문이다. 12절을 다시 읽어보라. "내가 진실로 진실로 너희에게 이르노니 나를 믿는 자는 내가 하는 일을 그도 할 것이요 또한 그보다 큰일도 하리니 이는 내가 아버지께로 감이라"(요 14:12). "아버지께로 감"이란 예수가 죽음과 부활 이후에 높임을 받고, 오순절 때 성령이 오심으로써 새 시대가 시작됨을 의미한다.

구속사적 성취라는 관점에서 보면 예수의 죽음, 부활, 높임 이후는 이전보다 더 큰 때다. 따라서 이후에 제자들이 하게 될 일 역시 더 클 것이다. 일의 숫자나 범위, 능력 면에서 더 크다기보다는,

구속사적 성격에서 더 크다. 돈 카슨은 요한복음 주석에서 이적들의 의미가 더 분명해지고, 목적이 더 충분히 달성될 것이며, 모든 일이 예수의 죽음과 부활이라는 조명하에서 이루어질 것이라고 설명한다. 그래서 이 일은 더 큰일이 될 것이다.[1]

이제 예수가 제자들에게 하시는 약속을 생각해보자. 예수는 그들이 자기 이름으로 기도할 때 응답하실 것이다. 아버지의 영광을 위해 구하는 모든 것을 들어주신다. "너희가 내 이름으로 무엇을 구하든지 내가 행하리니 이는 아버지로 하여금 아들로 말미암아 영광을 받으시게 하려 함이라. 내 이름으로 무엇이든지 내게 구하면 내가 행하리라"(13:13~14).

이는 우리가 필요할 때 마음대로 쓸 수 있는 백지수표가 아니다. 이 약속은 예수의 일을 하는 것에 대한 약속에 이어 주어진다. 예수의 뜻은 그러하다. 우리가 그분의 일을 하기 위해서, 사람들을 보살피고, 복음을 선포하며, 가난한 자를 불쌍히 여기기 위해 필요한 능력을 구할 때, 예수는 우리 기도를 다 들어주실 것이다. 이 약속이 주어진 문맥과 상황을 반드시 기억하라. 즉, 이것은 더 큰일을 하려는 사람과 관련해 주어진 약속이다.

예수는 오늘도 자기 일을 하신다

두 요점을 합치면, 이런 결론이 나온다. 예수는 아버지께로 돌아가 영광을 받은 후에도 그의 일을 계속하신다. 또한 제자들에게 자기 일을 계속하게 할 것이다. 사도행전 서문에 따르면, 예수께서 죽음과 부활 전에 하시는 일은 그분이 하실 일의 시작일 뿐이다(행 1:1). 사도들의 행적을 보면, 사실 부활 이후 예수가 그들을 통해 행하시는 일을 보여주는 것이다. 바로 그 목적을 위해 예수는 제자들에게 성령을 보내신다.

따라서 제자들의 일은 더 크다. 그들은 주의 부활로 시작된 새 시대, 더 영화로운 시대에 주의 일을 할 것이기 때문이다. 예수의 사역은 유대 지역에 국한되었지만, 그들은 세계로 나아갈 것이다. 그들은 베드로가 오순절에 그랬듯이 더 많은 사람을 하나님 나라로 인도할 것이다. 물론 그들은 이적과 기사도 베풀 것이다. 원하시면 하나님은 지금이라도 그렇게 할 수 있다. 하지만 이 약속은 예수의 사역을 지속하기 위한 것이다. 즉, 우리는 예수를 믿음으로써 현세에서 다가올 세상의 능력을 맛볼 수 있다. 지금 이 시대에 우리가 예수의 일을 하는 것은 그분이 자기 백성을 위해 다시 돌아오셔서 아버지 집에서 그들과 영원히 함께 머무신다는 큰 위로와 확신이 있기 때문이다.

우리 소망의 본질

—

이 말씀을 통해 고난받는 교회는 어떤 위로를 받을 수 있을까?

특별히 박해당하는 형제자매들을 생각해본다. 우리는 부끄러워하지 말고 예수가 주시는 소망의 말씀으로 박해받는 영혼을 위로해야 한다. 예수께서 말씀하신다. "너희는 마음에 근심하지 말라." 그리고 그분은 아버지 집을 가리키신다.

카를 마르크스의 "종교는 인민의 아편"이라는 발언은 사실 기독교와 종말론적 소망을 염두에 두고 한 말이었다. 미래에 대한 그리스도인의 궁극적 소망은 현세의 필요를 망각하게 한다는 지적도 있다. 생각이 구름 속을 떠돌면, 땅을 딛고 있는 발을 잊어버린다는 것이다. 이런 비판은 어느 정도 일리가 있다. 우리는 종종 지금 여기에서 해야 할 일을 잊어버리곤 한다.

여전히 복된 우리의 소망

실제로 교회가 역사 속에서 세상을 도외시하기도 했지만, 그리스도인의 소망은 오직 새 하늘과 새 땅이라는 복된 소망에 있음을 부끄러워하지 말아야 한다. 우리의 소망은 여기에 있지 않다. 우리는 이 땅에서 위로를 구하지 않는다. 이 땅의 그 무엇도 마음속 불안을 잠잠하게 해주지 못한다. 성경이 말하는 우리의 소망은 에스카톤*eschaton* 즉, 하나님 나라의 도래가 주는 소망뿐이다.

교회의 정치, 사회적 역할에 대해 어떤 교훈을 얻을 수 있을까? 예수의 제자는 예수의 일, 그보다 더 큰일을 함으로써 지금 여기에서 세상에 영향을 미친다. 여기에는 고통받는 자에 대한 연민과 사랑의 봉사, 죄인이 죄를 고백하고 예수를 믿음으로써 영생을 얻도록 돕는 것이 포함된다. 죄를 회개하지 않는 죄인은 구원을 받지 못한다. 물론 우리는 일반 은총도 믿지만, 그것만으로 죄인이 변화되는 것은 아니다. 오직 복음으로써만 가능하다.

오늘날 성령의 은사

성령의 은사 논쟁에 대해서는 어떤 교훈을 얻을 수 있을까? 오늘도 하나님은 자기 백성의 기도를 듣고 기적을 베풀 수 있음을 인정한다. 그러나 이적 자체가 우리의 관심사가 되어선 안 된다. 빌립은 하나님을 보기 원했고, 예수는 성육신으로 응답했다.

이 본문은 다른 종교를 통한 구원의 문제에 대해서도 명확한 가르침을 준다. 그리스도 밖에서 구원을 얻을 수 있는가? 모든 사람이 결국에는 구원을 받을 것인가? 이 모든 질문에 대해 본문은 확실하게 "예수 그리스도를 믿는 것 외에는 구원이 없다"라고 대답한다. 예수 그리스도가 하나님의 아들이요 우리의 유일한 구주임을 믿는 자만 아버지의 집에 갈 수 있다.

종말론 논쟁에 대해서는?

본문에 따르면, 종말론적 소망의 본질은 예수와 영원히 함께 있는 것이다. 천년왕국 안인지 밖인지는 그리 중요하지 않다. 요점은 이것이다. 우리의 소망은 예수 자체, 그분의 함께하심이다. 따라서 본질에 집중함으로써 지엽적인 문제로 언성을 높이지 말고, 서로의 다름을 존중해야 한다.

그렇다면 지금 여기에서 우리가 해야 할 일은?

이제 우리가 해야 할 일은 무엇일까? 나에게 아버지 집에 들어 갈 열쇠가 있는지를 어떻게 알 수 있을까? 본문에 따르면 답은 한 가지다. 예수를 믿는 자는 그의 일을 할 것이다.

나를 통해서 예수의 일을 볼 수 있는가? 예수가 내 기도를 들 으시고 나를 통해서 일하고 계신가? 나에게 남을 향한 연민과 사 랑이 있는가? 나는 예수처럼 하나님의 영광을 구하는가? 오직 이 를 통해서만, 우리가 길과 진리와 생명을 알고 있는지 확신할 수 있다. 오직 이를 통해서만, 아버지 집에 나를 위한 방이 있는지를 알 수 있다.

7

보디 보캄

부활이 없으면 복음도 없다

고린도전서 15:35~58

Voddle Baucham Jr

7

고린도전서 15장 35~58절은 심대한 내용이지만, 그 안에서 바울의 목자 심정을 엿볼 수도 있다. 대부분은 이 본문을 변증적인 강론으로 본다(실제로 그러하다). 여기에는 또한 목회자로서의 권면이 담겨 있기도 하다. 즉, 바울은 실제적 관점, 목회자의 관점에서 부활 교리를 설명한다.

바울은 부활 교리를 매우 설득력 있게 변증하는데, 세 가지 이유를 근거로 든다. 첫째, 권위에 의한 논증이다. 성경이 예수의 부활을 확증한다(15:4). 둘째, 증거에 의한 논증이다. 바울 자신을 포함한 여러 목격자의 증언이 이를 뒷받침한다(15:5~11). 셋째, 논리에 의한 논증이다. 만약 부활이 없다면, 낮이 지나면 밤이 오듯이, 일곱 가지가 발생할 수밖에 없다. 이 모든 설명을 마친 후에 그는 다시 처음 변론으로 되돌아간다.

변증을 넘어, 부활이 중요하다

―

바울은 주장을 확실하게 논증한 것으로 만족하지 않는다. 이 문제는 단순히 논쟁에서 이기고 지는 차원의 문제가 아니기 때문이다. 그는 변증에 그치지 않고 적용으로 나아간다. 자기주장을 증명하는 데 멈추지 않고, 적극 설파한다. 그는 부활이라는 사실을 증명할 뿐 아니라, 부활이 왜 중요한지를 설명한다. 바울은 최고의 목회자이자 변증가였다. 그는 이 본문을 통해 양 떼를 궁극적인 소망으로 이끈다. 그는 가상의 질문을 제기하고 이에 대답하는 형식을 애용한다.

바울은 이 방법을 여러 서신에서 활용하는데, 로마서의 상당 부분 역시 그러하다. 여기 고린도전서에서도 마찬가지다. "누가 묻기를"(15:35). 그는 이미 부활이 사실임을 논증했고, 이제 왜 부활이 중요한지를 증명하려 한다. 그는 타락한 인간의 본성과 사고방식을 잘 이해하기에, 사람들이 던질 법한 질문을 염두에 두고 답변한다.

다음의 질문은 무슨 의미일까? "죽은 자들이 어떻게 다시 살아나며 어떠한 몸으로 오느냐"(15:35). 우리는 사람이 죽으면 어떻게 되는지 안다. 우리는 죽음에 익숙하다. 하지만 부활에 대해서는 알지 못한다. 부활을 본 적이 없기 때문이다. 우리가 아는 것은 수천 년 전 있었던 예수 그리스도의 부활에 대한 증언과 기록뿐이다. 그래서 칼뱅도 이렇게 말했다.

이 교리보다 인간의 이성과 들어맞지 않는 교리도 없다. 오직 하나님만이 우리를 설득할 수 있다. 어떻게 썩을 수밖에 없는 몸이 썩어 없어진 후에 또는 불에 녹아내린 후에 또는 야수에게 갈가리 찢긴 후에 다시 회복될 수 있으며, 훨씬 더 나은 몸으로 바뀔 수 있겠는가? 우리의 이해력은 이러한 주장을 너무 환상적이라고, 아니 불합리하다고 거부하지 않겠는가?[1]

죽은 자로부터 구원받다

내가 처음으로 시체를 대면한 것은 17살 때였는데, 아직 믿기 전이었다. 그때까지도, 그 후 1년이 흐르도록 복음을 듣지 못했다. 나는 불교신자인 홀어머니에게서 태어났으며, 마약과 갱들이 들끓는 LA 중남부에서 자랐다. 내가 어느 정도 자라서 문제를 일으키기 시작하자 어머니는 나를 멀리 보내셨다. 그레이하운드 버스를 타고 사흘 동안 대륙을 횡단하여 사우스캐롤라이나주의 부포트로 갔다. 거기서 우리는 어머니의 오빠와 함께 살았는데, 그는 미 해병대에서 제대한 훈련교관 출신이었다. 나는 신속히 문제아에서 벗어났다.

몇 년 후 텍사스로 이주했는데, 어느 날 사촌 자말이 죽었다는 전화를 받았다. 그때 문득 어머니가 나를 살리기 위해 먼 곳으로 보냈다는 사실을 깨달았다. 사촌은 나보다 6개월 어렸는데, 마약 거래상이 되었고, 곤경에 처했다. 불과 열여섯 살에 뒤에서 머리에 총을 맞고 살해당했다. 나는 LA로 가서 그의 시신을 마주했는데, 당시 내겐 아무런 희망이 없었다. 거기서 나는 자문했다. "결국 이렇게 끝나는 건가? 이 길을 벗어나려면 어떻게 해야 하지? 정말 인생이 이게 전부란 말인가?"

그래서 나는 부활이란 개념이 정말 이해하기 힘든 것이라는 지적에 동감한다. 하지만 바울은 고린도 교인의 믿음 없음을 질책한다. 비록 이해하기 힘든 내용이지만, 하나님이 말씀하신 것이다. 믿지 않는 자가 죽음과 관련해서 부활을 생각조차 못하는 것은 어찌 보면 당연하다. 그러나 살아계신 하나님을 믿는 교회의 일원이 예수 그리스도의 죽음과 부활을 확신하지 못하는 태도에는 문제가 있다. 그래서 바울은 이들을 어리석다고 말한다. 그는 이렇게 말하지 않는다. "정말 이해하기 힘들지? 이해해. 그럴 수 있어." 대신 이렇게 외친다. "어리석은 자여"(고전 15:36).

이것은 단순한 꾸짖음이 아니다. 오히려 요점을 확실히 보여주려는 의도다. "너희에겐 하나님의 말씀이라는 증거가 있다. 또한 사도들의 증언이 있으며, 일반 계시의 증거도 있다."

누군가는 이렇게 반박할지 모른다. "어떻게 죽어서 장사 지낸 사람이 다시 살아날 수 있죠? 이해할 수 없네요." 바울은 대답은 간결하다. "어리석은 자여!"

다른 결론?

이렇게 생각해보자. 당신은 오늘 무엇을 먹었는가? 당신이 먹은 음식은 아마도 '죽은' 후, 어떤 형태로 묻혔다가 다른 형태가 되어 되돌아온 것이다. 이것은 하나님의 말씀뿐 아니라 자연을 통해서도 볼 수 있는 사실이지만, 일부러 믿지 않으려면 방법이 없다. 당신이 그런 상황이라면 다른 답변을 받아들여야 한다. 즉, 플라톤의 이원론, 가현설, 영지주의 등과 같이 물질은 악하다는 사상에서 대안을 찾아야 할 것이다. 물질은 악하기에, 예수가 부활했다는 주장은 결코 사실이 아니다. 하나님이 악한 신체에 거할 리 없기에 예수는 진정한 인간이 아니었든지, 아니면 진정한 인간이었지만 신성이 세례를 통해 임했다가 십자가에서 그를 떠난 것이든지 둘 중 하나를 택해야 한다. 이러한 이원론은 예수가 온전한 인간이었다는 개념을 결코 용납하지 못한다. 부활을 믿지 않는다면, 결국 이런 다른 결론을 믿을 수밖에 없다. 바울은 그 점을 공박한다.

만약 부활을 믿지 않는다면, 무엇을 믿을 것인가? 환생? 지금의 당신은 현생의 모습일 뿐, 다음 생에서는 짐승이나 새 또는 돼지가 될 수도 있다. 따라서 모든 짐승을 잘 대해주어야 한다. 그들 중에 전생에 사랑했던 이들이 있을 수도 있기 때문이다.

허무주의나 〈라이온 킹〉의 "생명의 순환"Circle of life 같은 논리는 어떤가? 이에 따르면 결국 모든 것은 큰 의미가 없다. 우리는 죽어서 먼지로 돌아가며, 모든 것은 끊임없이 순환할 뿐이다. "어반 데스 프로젝트"Urban Death Project라는 운동이 있다. 사람의 주검을 비료로 활용하자는 운동이다. 다른 짐승의 사체도 활용하는데, 사람은 왜 예외여야 하느냐는 것이다.

부활은 우리의 인간관을 변화시킨다

부활의 삶은 우선, 인간관과 인간의 본성에 대한 이해를 돕는다. 이 교리는 인간의 존엄성을 확증한다. 그리스도는 사람의 몸을 입으셨고, 죽었으며, 장사 지낸 바 되었다가 다시 살아나셨다. 그는 몸을 버리고 하늘의 집으로 가지 않았다. 그는 부활의 몸을 취하셨으며, 이는 몸을 포함한 인간의 존엄성을 확인한다. 인간은 몸과 영을 가진 존재로서 고유한 존엄성을 지닌다.

또한 자신과 타인에 대한 생각에도 변화를 가져온다. 즉, 모든 면에서 인간 생명의 존엄성을 돋보이게 한다. 하나님은 아들을 다른 모습으로 보낼 수도 있었지만, 그렇게 하지 않으셨다. 하나님은 불완전한 인생의 모습을 생략할 수 있었지만, 그리하지 않으셨다.

그리스도는 여자의 몸을 통해 태어났으며, 인간 성장의 모든 과정을 몸소 경험하셨다. 이를 통해 인간의 존엄성을 확증하셨고, 수태된 순간부터 인간으로서 존중받아야 함을 가르치셨다. 그리스도는 몸을 입고 부활하심으로써 이 사실을 확증하셨다. 바울은 이것을 증명하기 위해 하나님의 창조를 되돌아본다. 고린도전서 15장 39절에서 그는 네 번째, 다섯 번째, 여섯 번째 날에 있었던 하나님의 창조를 역순으로 고찰한다.

육체는 다 같은 육체가 아니니 하나는 사람의 육체요 하나는 짐승의 육체요 하나는 새의 육체요 하나는 물고기의 육체라. 하늘에 속한 형체도 있고 땅에 속한 형체도 있으나 하늘에 속한 것의 영광이 따로 있고 땅에 속한 것의 영광이 따로 있으니 해의 영광이 다르고 달의 영광이 다르며 별의 영광도 다른데 별과 별의 영광이 다르도다(15:39~41).

사람의 육체에 속한 영광은 다른 것이나 다른 육체의 영광과도 같지 않다. 우리는 본능적으로 인간의 고유한 존엄성을 이해한다. 허무주의자라 할지라도 아무렇지도 않게 시체를 지나치지는 못한다. 그래서 자동차 사고 현장을 떠들며 지나가다가도, 사고로 죽은 사람을 목격하면 비록 모르는 사람이더라도 숙연해진다. 사람에게는 고유한 영광이 따로 있으며, 예수의 부활은 이를 확증한다. 따라서 부활은 인간에 대한 우리의 생각을 변화시킨다.

부활은 구원론을 달라지게 한다

부활은 우리의 인간관을 바꿀 뿐 아니라 구원론도 바꾸어놓는다. 42절부터 이에 대한 진술이 시작된다.

죽은 자의 부활도 그와 같으니 썩을 것으로 심고 썩지 아니할 것으로 다시 살아나며 욕된 것으로 심고 영광스러운 것으로 다시 살아나며 약한 것으로 심고 강한 것으로 다시 살아나며 육의 몸으로 심고 신령한 몸으로 다시 살아나나니 육의 몸이 있은즉 또 영의 몸도 있느니라(15:42~44).

따라서 사람의 몸에 따르는 영광이 다른 육체의 영광과는 다를 뿐 아니라, 부활한 몸의 영광도 현재 몸의 영광과 다르다.

첫째 아담, 마지막 아담

이를 설명하기 위해 바울은 첫 사람 아담과 마지막 아담을 비교한다.

기록된 바 첫 사람 아담은 생령이 되었다 함과 같이 마지막 아담은 살려주는 영이 되었나니 그러나 먼저는 신령한 사람이 아니요 육의 사람이요 그다음에 신령한 사람이니라. 첫 사람은 땅에서 났으니 흙에 속한 자이거니와 둘째 사람은 하늘에서 나셨느니라. 무릇 흙에 속한 자들은 저 흙에 속한 자와 같고 무릇 하늘에 속한 자들은 저 하늘에 속한 이와 같으니 우리가 흙에 속한 자의 형상을 입은 것같이 또한 하늘에 속한 이의 형상을 입으리라(15:45~49).

예수는 부활하셨고, 우리도 부활할 것이다. 우리가 주님과 연합하였기 때문이다. 예수는 우리의 머리가 되신다. 바울은 15장 초반부에 이미 이야기했다. 좀 더 자세히 알아보자. 우리의 부활이 진짜인 이유는 우리와 예수 그리스도의 연합이 진짜이기 때문이다. 우리는 실제로 예수 그리스도와 연합했다. 죽음이 우리에게 온 것 역시 아담이 우리의 대표였기 때문이며, 우리는 아담 안에서 모두 죽었다.

우리의 부활은 우리의 대표가 변경된 것과 관련이 있다. 왜 우리는 아담 안에서 모두 죄인인가? 같은 이유로 우리는 모두 그리스도 안에서 죄를 용서받았다. 고린도전서 15장에서 바울은 이렇게 말한다. "사망이 한 사람으로 말미암았으니 죽은 자의 부활도 한 사람으로 말미암는도다. 아담 안에서 모든 사람이 죽은 것같이 그리스도 안에서 모든 사람이 삶을 얻으리라"(21~22). 바로 그 이유로 동정녀 탄생이 중요하다. 예수는 아담의 머리 됨 아래 있지 않으신다. 동정녀 탄생이 중요하지 않다는 주장이 잘못된 이유도 이것이다. 예수가 단지 우리의 모범일 뿐, 동정녀에게서 나지 않았다면, 그 역시 아담의 머리 됨 아래서 정죄를 면하지 못한다. 자연적 발생을 통해 태어난 사람은 누구나 그런 이유로 죄인이기 때문이다. 그러나 동정녀를 통해 태어난 그리스도는 그렇지 않다. 예수는 죄가 없으신 분이며, 또한 죄를 짓지 않으셨다.

완전한 순종

최근 조사에 따르면 그리스도인 청소년의 45퍼센트는 예수가 이 땅에서 사역하는 동안 죄를 지었다고 믿고 있다. 두 가지는 분명하다. 첫째, 그들은 복음을 이해하지 못했다. 둘째, 그들은 교리

문답 교육을 받지 못했다. 이 문제는 교리의 가장 기본 내용이다. 그리스도는 이 땅에서 어떤 삶을 사셨는가? 예수는 하나님의 법에 완벽하게 순종하는 삶을 사셨다. 어린아이들도 이런 문답 교육을 받는다.

우리는 신학이 중요하지 않다고 믿는 시대에 살고 있다. 그러나 바울은 그렇게 생각하지 않는다. 그는 부활의 교리가 실제로 매우 중요하다고 믿는다. 부활을 제대로 이해하지 못하면, 그리스도가 우리의 대표되심 역시 이해할 수 없다. 또한 예수의 능동적 그리고 수동적 순종을 이해하지 못한다. 예수는 능동적 순종을 통해서 모든 율법을 완성했고, 실제로 의가 되셨다. 이를 통해 우리에게 자신의 의를 전가하신다.

또한 그리스도는 수동적 순종을 통해서 우리가 하나님께 진 빚을 대신 갚으셨다. 따라서 우리는 예수에게 죄를 전가할 수 있으며, 이러한 이중 전가를 통해서 하나님 앞에 설 수 있다. 머리되신 예수 그리스도를 통해서 죄를 용서받을 뿐 아니라 의롭다 하심을 얻는다. 또한 몸의 부활을 기대하게 되었다.

교리는 중요하다. 만약 그리스도가 실제로 우리의 의가 되지 않는다면, 그분이 부처보다 나을 것이 없다. 간디나 공자보다 나을 것이 없다. 그는 단지 본이 되실 뿐이며, 우리가 따를 수도 떠날 수도 있다. 그러나 예수가 동정녀에게서 나셨으며, 죄 없는 삶을 사셨고, 대속적 죽음을 담당하셨으며, 영광스러운 부활로 부활하사 부활을 확증하시고, 하나님의 보좌 우편으로 오르사 우리를 위해 중보하시고, 산 자와 죽은 자를 심판하러 다시 오시며, 자기 백성을 자기에게로 불러서 영원히 함께하신다면, 이 부활의 교리는 매우 중요하다.

부활은 우리의 선교관을 변화시킨다

부활은 선교에 대한 우리의 생각을 바꾼다. 바울은 이미 기술한 병행 구절을 사용한다. 54절을 보자.

> 이 썩을 것이 썩지 아니함을 입고 이 죽을 것이 죽지 아니함을 입을 때에는 사망을 삼키고 이기리라고 기록된 말씀이 이루어지리라. 사망아 너의 승리가 어디 있느냐 사망아 네가 쏘는 것이 어디 있느냐(15:54~55).

너의 날이 올 것이다

마지막으로 확인했을 때, 사망률은 모든 이에게 일대일로 대응했다. 오늘 다시 확인하지는 못했지만, 아마 변동은 없을 것이다. 한 번 죽는 것은 사람에게 정해진 것이며, 그 후에는 심판이 있다(히 9:27). 따라서 어느 곳에 있는 누구든지 같은 질문을 던질 수밖에 없다. "어떻게 하면 최후의 적에게 패하지 않을 수 있는가?" 우리는 그를 이길 수 없다. 돈으로 매수할 수도 없다. 달랠 수도 없다. 따돌릴 수도 없다. 운동을 열심히 하고, 음식을 조절해도 불가능하다. 죽음이라는 적의 손아귀에서 벗어날 길은 전혀 없다.

그러나 부활은 우리가 이 적을 이길 수 있다고 말한다. "사망아 너의 승리가 어디 있느냐 사망아 네가 쏘는 것이 어디 있느냐." 예수를 믿는 자는 믿지 않는 자와 같지 않다. 믿는 자는 그리스도와 연합하였기에, 그리스도께서 죽은 자로부터 다시 사신 것처럼 그도 다시 살 것이다. 부활이 다가오고 있다. 죽음이 쏘는 것은 사라졌다. 사망의 승리는 끝장났다.

그리스도가 사망을 이기셨다

그것이 전부가 아니다. "사망이 쏘는 것은 죄요 죄의 권능은 율법이라"(15:56). 죄와 율법은 그리스도의 능동적 순종을 통해 해결되었다. 그래서 사망이 쏘는 것이 사라졌다.

> 우리 주 예수 그리스도로 말미암아 우리에게 승리를 주시는 하나님께 감사하노니 그러므로 내 사랑하는 형제들아 견실하며 흔들리지 말고 항상 주의 일에 더욱 힘쓰는 자들이 되라. 이는 너희 수고가 주 안에서 헛되지 않은 줄 앎이라(15:57~58).

여기서 말하는 수고는 우리가 애쓰는 어떤 것을 말하는 것일까? 보통은 그렇게 해석한다. 하지만 여기서 수고는 보다 특정한 것을 지칭한다고 나는 믿는다. 15장 14~19절을 다시 보자. 바울은 논리 논증을 통해 비슷한 이야기를 하고 있다.

> 그리스도께서 만일 다시 살아나지 못하셨으면 우리가 전파하는
> 것도 헛것이요 또 너희 믿음도 헛것이며 또 우리가 하나님의 거
> 짓 증인으로 발견되리니 우리가 하나님이 그리스도를 다시 살리
> 셨다고 증언하였음이라. 만일 죽은 자가 다시 살아나는 일이 없
> 으면 하나님이 그리스도를 다시 살리지 아니하셨으리라. 만일
> 죽은 자가 다시 살아나는 일이 없으면 그리스도도 다시 살아나
> 신 일이 없었을 터이요 그리스도께서 다시 살아나신 일이 없으
> 면 너희의 믿음도 헛되고 너희가 여전히 죄 가운데 있을 것이요
> 또한 그리스도 안에서 잠자는 자도 망하였으리니 만일 그리스도
> 안에서 우리가 바라는 것이 다만 이 세상의 삶뿐이면 모든 사람
> 가운데 우리가 더욱 불쌍한 자이리라.

바울은 우리의 수고가 헛되지 않다고 말한다. 이는 우리의 복음 사역, 복음 선포를 가리킨다. 또한 우리의 거룩함과 믿음의 삶을 가리킨다. 후에 그는 다시 말한다.

> 형제들아 내가 그리스도 예수 우리 주 안에서 가진 바 너희에 대
> 한 나의 자랑을 두고 단언하노니 나는 날마다 죽노라. 내가 사람
> 의 방법으로 에베소에서 맹수와 더불어 싸웠다면 내게 무슨 유
> 익이 있으리요 죽은 자가 다시 살아나지 못한다면 내일 죽을 터

이니 먹고 마시자 하리라. 속지 말라. 악한 동무들은 선한 행실을 더럽히나니 깨어 의를 행하고 죄를 짓지 말라. 하나님을 알지 못하는 자가 있기로 내가 너희를 부끄럽게 하기 위하여 말하노라 (15:31~34).

이는 무엇을 말하는가? 복음의 선포, 믿음의 삶과 의로움, 바로 이것이 헛되지 않은 우리의 수고다. 헛되지 않은 수고는 복음의 수고다. 또한 복음으로 인한 의의 수고다. 우리는 그리스도의 죽으심이 최대한 열매를 맺으시도록 복음을 선포한다. 이러한 수고는 헛되지 않다. 이것은 우리에게 성공을 보장하는가? 그렇지 않다. 우리는 문화를 바꿀 수 있는가? 그것도 아니다. 다만 우리는 복음 안에서 수고하고, 의를 지키며, 하나님의 영광을 위해 거룩함을 좇는다. 우리가 그토록 추구하는 외적인 것은 하나도 성취하지 못할 수 있다. 그러나 그 수고는 헛되지 않다. 그 이유를 생각해보자.

우리 수고가 헛되지 않은 네 가지 이유

첫째, 진리의 복음을 선포함으로써 하나님께서 하시려는 일이 성취되기 때문이다. 그래서 우리는 계속 일한다. 형제여, 복음 선포하는 일을 포기하지 말라. 때와 장소에 따라 복음을 가르치는 일이 여의치 않아 보이기도 한다. 그래서 대신 다양한 프로그램이나 다른 수단에 우리의 믿음과 소망을 두기도 한다. 사람들을 끌어모으기 위해 수단과 방법을 가리지 않으려는 이유다. 그것이 우리의 성공이라고 믿기 때문이다. 그러나 우리의 성공은 오직 충실하게 복음을 선포하는 것에 있다. 우리는 사람들이 구원받길 원하는가? 물론이다. 우리 자신을 드러내기 위해서가 아니다. 단지 "그리스도 안에서 기뻐하고, 그의 죽으심을 통해 주시는 상을 온전히 받고자" 그렇게 한다고 말할 수 있다.

둘째, 복음의 수고는 우리가 참된 의 안에서 그리스도의 형상을 이룰 수 있게 한다. 로마서는 이러한 실재에 대해 거듭 이야기한다. 로마서 5장에서 바울은 첫 사람 아담과 마지막 아담을 통해 대표성의 개념을 이야기한다. 로마서 6장에선 또 다른 중요한 질문을 던진다. 먼저 로마서 5장 18~21절을 보자.

그런즉 한 범죄로 많은 사람이 정죄에 이른 것같이 한 의로운 행위로 말미암아 많은 사람이 의롭다 하심을 받아 생명에 이르렀느니라. 한 사람이 순종하지 아니함으로 많은 사람이 죄인 된 것같이 한 사람이 순종하심으로 많은 사람이 의인이 되리라. 율법이 들어온 것은 범죄를 더하게 하려 함이라. 그러나 죄가 더한 곳에 은혜가 더욱 넘쳤나니 이는 죄가 사망 안에서 왕 노릇 한 것 같이 은혜도 또한 의로 말미암아 왕 노릇 하여 우리 주 예수 그리스도로 말미암아 영생에 이르게 하려 함이라.

그리고 바울은 6장에서 이렇게 말한다.

그런즉 우리가 무슨 말을 하리요 은혜를 더하게 하려고 죄에 거하겠느냐 그럴 수 없느니라. 죄에 대하여 죽은 우리가 어찌 그 가운데 더 살리요 무릇 그리스도 예수와 합하여 세례를 받은 우리는 그의 죽으심과 합하여 세례를 받은 줄을 알지 못하느냐 그러므로 우리가 그의 죽으심과 합하여 세례를 받음으로 그와 함께 장사되었나니 이는 아버지의 영광으로 말미암아 그리스도를 죽은 자 가운데서 살리심과 같이 우리로 또한 새 생명 가운데서 행하게 하려 함이라(6:1~4).

따라서 부활은 우리가 언젠가 기분 좋게 다시 죽음에서 깨어나는 것만을 의미하진 않는다. 부활은 지금 여기에서 새로운 삶을 살아가는 것도 포함한다. 왜? 지금 이미 부활 생명을 받았기 때문이다. 마르다는 오라비의 죽음을 통해 이 교훈을 깨달았다. "아, 예수님, 여기 계셨더라면 오라비가 죽지 않았겠죠. 예수님이라면 분명 살려주셨을 겁니다. 하지만, 이미 너무 늦어버렸네요"(요 11:21 참고). 마르다의 말에 예수는 '언젠가' 그가 다시 부활할 것이라고 말하지 않으셨다. 또한 아버지께 간구하겠다고 하지도 않으셨다. 대신 이렇게 말했다. "나는 부활이요 생명이니"(요 11:25). 그리스도를 믿는 자는 죽음이 그를 지배하지 못한다. 그리스도가 부활이요 생명이라면, 부활 생명은 단지 미래에 속한 것만이 아니다. 부활의 삶은 또한 현재의 실재이며, 우리는 이 "이미, 그러나 아직"이라는 엄연한 현실 속에서 살아간다.

보디 보캄

셋째, 우리의 수고는 예수의 다시 오심을 예비하게 하기 때문이다. 처음으로 장례식을 집례할 때, 나는 목사가 단순히 예배를 인도하고, 설교하고, 위로하고, 상담하는 사람이 아님을 깨달았다. 나는 거기서 처음으로 목양하던 분의 마지막 길을 인도했다. 그것이 우리가 하는 일이다. 요즘에는 교회의 인테리어나 음악, 설교가 마음에 안 든다고 교회를 떠나는 일이 흔하다. 그러나 어쩔 수 없이 떠나기도 한다. 때로는 하나님이 그들을 데려가신다. 그때 우리가 했던 일들이 새로운 의미로 다가온다.

나는 왜 그에게 설교했던가? 이날이 다가오고 있었기 때문이다. 왜 그에게 복음을 전해야 했던가? 이날이 임박했기 때문이다. 내가 그의 손을 잡아주었던 이유도 그날이 가까웠기 때문이다. 내가 그 사람을 위해, 또한 모든 사람을 위해 한 일도 이날이 우리 모두에게 다가오고 있기에 의미가 있다. 우리는 그들이 하나님을 만날 준비를 하도록 돕는다. 그들을 재미있게 해주고, 비위를 맞추는 것으로는 불가능한 일이다. 복음만이 이것을 가능하게 한다. 우리가 이 사실을 확실히 붙들면, 우리 사역의 방향과 의미가 달라진다.

마지막으로, 우리의 수고는 소망을 품게 한다. 평생 주를 사랑하며 섬기다가 죽은 90살 노인의 장례식과 어린아이의 장례식은 엄청난 차이로 다가온다. 부활의 소망이 없다면, 어떻게 아이를 잃은 부모의 눈빛을 감당할 수 있겠는가? 배가 아파서 병원에 갔다가 감염으로 며칠 만에 숨을 거둔 (마흔두 살밖에 안 된) 엄마를 잃은 다섯 자녀와 그 아버지에게 어떤 말을 할 수 있겠는가? 다른 어떤 말로도 위로할 수 없을 것이다.

부활은 모든 것을 변화시킨다
—

복음과 부활의 소망은 우리의 인간관을 변화시킨다. 여기는 우리의 본향이 아니며, 우리는 천국을 준비하는 중이다. 그리스도의 부활을 통해 우리를 앞서간 사람들에 대한 시각도 바뀐다. 부활은 우리의 구원관을 변화시키기에, 우리는 그리스도께서 우리를 위해 하신 일을 다른 시각으로 볼 수 있게 된다. 부활은 우리의 선교관도 변화시키며, 매 순간 우리가 하는 말과 그 이유를 새롭게 생각하게 한다. 이제 우리의 수고가 헛되지 않음을 알 수 있다.

부활 교리는 이토록 중요하다. 바울이 논쟁을 이기는 것으로 만족할 수 없었던 이유도 여기에 있다. 사람들이 부활의 가능성을 인정했다고 해서 우리는 만족할 수 없다. 부활은 당신의 생명이며, 정체성이다. 부활을 통해서 우리는 인간으로서 자기 정체성과 타인의 정체성을 올바로 인식한다. 부활을 통해서 칭의와 양자됨, 성화와 영화의 의미를 바로 깨닫는다. 부활은 우리의 삶을 변화시킨다. 부활은 복음 사역과 의로운 삶의 길잡이다.

예수 그리스도의 부활을 이해할 때, 모든 것이 변화된다. 우리는 기회가 될 때마다 부활을 상기하고, 또 서로 기억나게 한다. 거룩한 떡과 잔을 먹고 마실 때마다 주님의 죽음과 다시 오심을 선포한다. 우리는 언제나 부활 중심의 삶을 살아야 한다. 왜? 부활이 없으면 복음도 없기 때문이다. 그러므로 부활 중심이 아니면, 복음 중심이 아니다.

8

필립 라이켄

새 하늘과 새 땅, 구원의 완성

계시록 21:1~22:5

Philip Graham Ryken

8

계시록은 성경에서 쉽게 접근할 수 있는 책은 아니다. 암브로스 비어스는 이렇게 평가했다. "사도 요한은 이 책에서 자기가 아는 모든 것을 감추었다. 주석가들이 이 책을 해석했지만, 그들은 정작 아는 것이 아무것도 없다."[1] 계시록은 다소 난해한 내용을 담고 있지만, 마지막 부분에는 본향을 사모하는 외로운 순례자의 마음을 달래주는 영원한 안식처에 관한 내용이 담겨 있다.

본향을 사모하다

기쁨과 평화가 가득한 곳에서 잠시나마 그리스도와 완벽하게 하나 된 순간을 보냈다고 할 만한 때가 당신에겐 있었는가?

내가 처음으로 종말론적 경험을 했던 것은 일리노이 휘튼의 고향 집 뒷마당에서였다. 어느 봄날 오후, 우리 집 뒷마당은 동네 아이들의 야구장이 되었다. 한쪽 차고는 백네트가 되었고, 이웃집 마당과 경계를 이루는 하얀 울타리는 홈런의 경계가 되었다. 아이들이 게임을 시작하자, 뜰에서 일하던 어른들도 점차 손을 놓았고, 곧 모든 이웃이 어울려 야구를 했다. 그것은 나의 첫 야구 시합이었다. 나중에 세월이 많이 흐른 후, 스가랴서를 읽다가 새 예루살렘에서 아이들이 장난하는 모습에 대한 예언을 읽었다(슥 8:5). 나는 곧 어린 시절 첫 야구 시합을 떠올렸고, 문득 고향이 무척 그리워졌다.

장애아를 둔 한 어머니는 또 다른 종말론적 경험을 이야기한다. 그녀의 십 대 아들은 언제나 특수 제작한 휠체어를 의지해야 했다. 때때로 그녀의 가족은 스키장에 가곤 했는데, 아들은 장애 스키어를 위한 장비를 갖춘 강사와 함께 슬로프를 오르곤 했다. 그녀는 문득 숙소에 늘어서 있는 텅 빈 휠체어를 바라보았다. 평소 같으면 휠체어에 앉아 있을 아이들이 모두 산에 올라가 하나님이 지으신 자연을 즐기고 있었다. 아픔과 슬픔이 없는 하늘의 고향을 떠올리며, 그녀는 흐르는 눈물을 주체할 수 없었다.

D. L. 무디가 임종 시에 남긴 말도 의미심장하다. 유명한 복음 전도자 무디는 이제 죽음을 앞두고 온종일 천국과 이 땅 사이를 왔다 갔다 하고 있었다. 그는 침상 곁에 있는 사람들에게 하나님이 자기를 고향 집으로 부르신다고 말했다. 막 그곳의 영광을 보

려는 찰나였다.

"드와이트! 아이렌! 아이들 얼굴이 보인다!"[2]

이전에 잃었던 손주들의 이름이었다. 무디가 갑자기 이렇게 외쳤을 때, 그들이 느낀 감동은 쉬 상상하기 어렵다. 많은 그리스도인이 사랑하는 이를 잃거나, 심각한 시련을 당하거나, 끔찍한 고난을 받는 중에 천국을 열망한다. 본향을 향한 열망을 일깨워준 당신의 경험은 무엇인가? 한 번은 기독교대학 총장 부부들과 함께 있을 때, 내가 겪었던 시련들을 나눈 적이 있었다. 어떤 어려움은 학교와 관련한 것이었고, 일부는 개인적인 문제였다. 목록이 계속되면서 사람들은 결국 실소를 터뜨리고 말았다. 한 사람이 한꺼번에 겪기에는 너무 많은 고난처럼 들렸기 때문이다. 나는 긴 목록을 끝냈고, 친구들과 마지막으로 나누고 싶은 문장 하나만 남겨두고 있었다. 나는 너무나 감정에 복받쳐서 진정하느라 2분쯤 말을 멈췄다. 우리 가족의 고난과 관련해서 내가 하고 싶은 말은 이것이었다. "내가 원하는 단 하나는 아이들이 모두 무사히 본향에 이르는 것입니다."

이것이 바로 내가 지금 말하려는 내용이다. 하나님이 자기 백성을 위해 예비하신 고향 집을 바라보는 것이다. 즐거울 때는 본향을 잠시 엿보지만, 아픔과 고통의 순간에는 그곳을 열렬히 사모한다. 우리는 더 이상 '장래'가 아닌, 영원한 '지금'으로 머물 곳을 기다린다. 사도 요한은 계시록 21장과 22장에서 이곳을 자세히 기술한다.

창조가 다시 요약되다

성경의 마지막 두 장은 본향을 향한 향수를 불러일으키고, 소망을 새롭게 함으로써 모든 독자가 하나님의 위대한 사람들처럼 영광의 비전을 품고 세상으로 나아가게 한다. 예수가 다시 오실 때까지 세상 속에서 교회가 감당해야 할 고난의 일을 능히 감당할 힘을 얻길 바란다.

계시록 21~22장은 성경의 모든 흐름이 하나로 모여 완벽한 결론을 이룬다는 사실에서 놀라움을 준다. 계시록은 구약성경을 500회 정도 인용하거나 암시한다. 특히 마지막 두 장에는 성경의 모든 주요 주제가 다시 등장한다. 언약, 구속, 성전, 하나님 나라가 모두 나온다. 또한 성부, 성자, 성령 역시 다 등장한다. 예수 그리스도는 여기에서 선지자, 제사장, 왕으로서 등장한다. 또한 하늘과 땅, 죄와 구원, 창조와 완성을 모두 볼 수 있다. 이 모든 주제가 마지막 두 장에 총망라된다.

위대한 문학 작품을 보면 마지막 종결 부분에 작품 전체의 조화를 가져오는 무언가가 등장한다. 마치 교향곡의 피날레나 시합 결승전 후 뿌려지는 꽃 색종이 또는 맛있는 디저트의 마지막 한 입처럼 최후의 만족감을 제공한다. 이는 성경의 최종 결론에 걸맞는 방식이기도 하다. 하나님이 역사 속에서 이루시는 일은 씨실과 날실이 되어 계시록 끝에서 하나로 엮인다.

성경의 위대한 결론에 도달하면 가장 먼저 창조 세계를 다시 요약한다. 계시록 21~22장은 에덴동산의 반향으로 가득하다. 다시 말하지만, 이는 위대한 문학 작품이 보여주는 특징이다. 결론 부분에서 다시 원래의 고향으로 되돌아오는 경향이 있다. J. R. R. 톨킨의 《호빗》이나 《반지의 제왕》 역시 그러하다. 이들 작품은 샤이어에서 이야기가 시작된다. 주인공은 고향을 떠나 엘프, 난쟁이, 용 들과 함께 온갖 모험을 즐긴다. 그러나 모든 모험이 끝난 후, 그들은 다시 샤이어로 귀환한다.

다른 문학 작품의 사례로는 T. S. 엘리엇의 시 〈이스트 코우커〉East Coker를 들 수 있다. 이 시는 "나의 시작에 나의 끝이 있다"라는 구절로 시작된다. 그리고 막바지에서 그는 "나의 끝에 나의 시작이 있다"라는 구절로 시를 끝맺는다. 독자는 이를 통해 시 전체를 조망하면서 동시에 고향으로 돌아오는 느낌을 받는다. 여기에 조화와 완결의 의미가 있다.

역사의 끝

계시록 21장 첫 절에서 "새 하늘과 새 땅"이라는 표현을 읽으면서 우리는 같은 느낌을 받는다. 가장 먼저 떠오르는 것은 성경의 첫 구절이다. "태초에 하나님이 천지를 창조하시니라"(창 1:1). 학자들은 이러한 문학적 반복을 양괄 구조inclucio라고 부르기도 한다. 창세기와 계시록은 성경의 모든 양괄 구조를 아우르는 최종 양괄 구조라 할 수 있다. 하나님의 위대한 구속 역사는 하늘과 땅의 창조로 시작되고 끝을 맺는다.

계시록 21장 2절에서 우리는 신부와 신랑을 만난다. 이 또한 에덴동산을 떠올리게 한다. 여자(하와)가 남자(아담)에게 소개되고, 둘은 남편과 아내가 된다. 갑자기 남자가 인류 최초의 사랑 노래를 부른다.

> … 이는 내 뼈 중의 뼈요 살 중의 살이라(창 2:23).

계시록 21장 3절에는 하나님이 등장한다. 그분은 행복한 집에서 신부와 신랑과 함께 있다. 창세기 3장에서도 하나님은 그날 바람이 불 때 동산에서 자기 백성과 함께 거니셨다(창 3:8).

계속 읽어가다 보면 해와 달에 대한 언급이 나온다. 물론 하나님의 영광스러운 성읍에는 해와 달이 없다. 그러나 여기에서 이들이 언급되는 것은 문맥을 제공하기 위함이다. 이는 당연해 보인다. 세상이 처음 창조될 때, 하나님은 위대한 두 빛을 만들어서 하나는 낮을 또 하나는 밤을 주관하게 하셨다.

계시록 22장에서 우리는 흐르는 강을 발견한다. "생명수의 강"(22:1)이다. 창세기의 에덴동산에도 강이 있었다. "강이 에덴에서 흘러나와 동산을 적시고 거기서부터 갈라져 네 근원이 되었으니"(창 2:10). 또한 새 하늘과 새 땅의 중앙에는 무엇이 있는가? 생명나무가 과실을 맺고 있다. 에덴동산에서 제일 먼저 생각나는 것 역시 하나님이 동산 가운데 심으신 생명나무다.

계시록 21~22장에 나오는 새 하늘과 새 땅을 관찰하면서도 우리는 이런 생각이 든다. "이곳은 왠지 낯익은걸. 어쩐지 예전에 와 본 것 같은 느낌이야." 천국은 데자뷔를 느끼게 하는 곳이다. 창조의 재요약이다.

이는 인간의 본성 및 하나님의 성품과 잘 들어맞는다. 또한 인류와 조화를 이루는데, 창조 세계는 인류의 현재 및 미래의 고향이기 때문이다. 우리는 새 하늘과 새 땅에 이르러 어색함을 느끼기보다는 원래 있던 곳으로 돌아온 느낌을 받을 것이다.

우리가 언제나 있어야 할 그곳
—

인간에겐 본향으로 되돌아가려는 깊은 열망이 있다. 크로스비, 스틸스, 내쉬 그리고 영은 〈우드스톡〉이란 노래에서 이렇게 노래했다. "우리는 동산으로 돌아가야 해." 인류가 시작된 곳으로 돌아가는 것, 이는 자기 백성을 향한 하나님의 마스터플랜이다. 여기에서 남자와 여자의 관계가 시작되었고, 사람과 하나님의 사귐이 시작되었다. 여기에 빛이 있었고, 생명과 나무와 물이 있었다. 이곳이 우리가 늘 사모했고, 돌아가게 될 본향이다. C. S. 루이스를 통해 그리스도를 믿게 된 문학 비평가 채드 월쉬는 이렇게 말한다. "나는 사람이 유토피아에서 살았던 적이 있다고 믿는다. 그러나 곧 그곳에서 멀어졌으며, 언제나 거기로 돌아가려 한다. 사람의 첫 유토피아는 에덴동산이다. … 이는 우리 유산의 일부다. 우리는 돌아가길 원한다. … 최초의 동산에 대한 기억이 우리를 떠나지 않는다. … 우리는 난민이다. 우리의 옛 고향은 언제나 우리 마음속에서 빛나며 불타오르고 있다."[3]

본향으로 돌아가는 것은 인간의 본성 및 하나님의 성품과도 잘 들어맞는다. 하나님은 언제나 시작하신 일을 끝내신다. 그는 "알파와 오메가요 처음과 마지막"이시다(계 21:6). 어떤 신이 그런 완벽한 계획을 성취하실 수 있을까? 하나님은 성경의 완벽한 결론을 이끄시며, 구원 계획을 최고의 절정으로 완성하신다. 하나님은 시간의 시작 이전부터 거기 계셨고, 시작과 끝을 동시에 보신다. 하나님이 늘 거기 계셨기에 우리는 시작에서 끝을 보며, 또한 끝에서 시작을 발견한다.

저주가 뒤바뀌다

창조가 다시 언급되면, 저주 역시 뒤바뀐다. 우리는 지금 낙원에 있지 않다. 에덴의 동편 어딘가에 거주하고 있다. 인류는 죄에 빠졌기에 심판 아래 놓였다. 아담과 하와가 금지된 열매를 먹었을 때, 그들은 동산에서 추방되었다. 하나님께서 두 번째 아담을 통해 구원을 계획하셨기에 이 역시 하나님 은혜의 행동이었지만, 추방은 추방이었다. 우리의 큰 죄는 인류에게 끝없는 저주를 초래했다. 죄책감, 고립, 종노릇, 전쟁, 학대가 만연했다.

인류는 죄로 인해 저주 아래에 있다. 우리는 매일 절망적인 소식을 접한다. 미국 전역에서 인종 갈등을 목격한다. 세계로 눈을 돌리면, 핍박받는 교회가 당하는 역경 앞에 탄식을 금할 수 없다. 2015년 봄 이라크 북부의 도시 모술에서 지난 1500년간 울렸던 교회의 부활절 종소리가 그쳤다. 그리스도인들이 고향에서 쫓겨나면서 예수 그리스도의 이름으로 드려지던 예배도 중단되었다. 이라크 및 여러 곳에서 많은 사람이 목숨을 잃었다. 이는 십자가의 나라에 노골적으로 죽음을 선포한 아이에스IS 때문일 수도 있고, 나이지리아에서 학생들을 공격한 보코하람(Boko Haram, 나이지리아에서 민간인을 상대로 한 테러를 저지르는 이슬람 극단주의 테러 조직—편집자) 탓일 수도 있다. 이처럼 그리스도인은 믿음 때문에 죽임을 당하고 있다. 이는 우리가 타락한 세상에서 져야 할 짐의 일부다.

그러나 성경의 마지막 장들을 보며 우리는 이야기가 어떻게 끝날지를 확인한다. 타락한 세상에서 시작된 끔찍한 죄의 결과는 극복되고, 저주는 걷힐 것이다. 계시록 21~22장은 죄로 인해 손상되고 파괴된 모든 것이 언젠가 다시 회복될 것임을 보여준다.

우리는 21장 첫 절에서 이것을 확인할 수 있다. 요한은 말한다. "바다도 다시 있지 않더라." 여기에는 심오한 신학적 함의가 담겨 있다. 구약성경에서 바다는 일반적으로 혼돈과 위험의 장소로 묘사된다. 바다는 하나님의 통치 아래서 짜증 내고 안달하는 모든 것을 대표한다. 즉, 우리가 통제할 수 없는 모든 것을 상징한다. 그러나 새 하늘과 새 땅에선 그러한 것이 있을 수 없다. 모든 것이 하나님의 복된 다스림 아래서 질서정연하다.

다음으로 새 예루살렘에 대한 계시록의 묘사를 보자. 새 예루살렘은 "거룩한 성"(21:2)으로 불린다. 이를 통해 또 다른 저주가 뒤바뀐다. 예루살렘은 거룩함을 잃고, 하나님께 등을 돌림으로써 저주를 받게 된 도시였다. 예레미야 시대의 참혹한 모습을 상기해보자. 거리에는 죽은 여인과 아이의 사체가 즐비했다. 예레미야 시대의 예루살렘은 인류 역사상 가장 심하게 파괴된 도시였다. 이사야 선지자는 예루살렘이 황폐하며, 승냥이 떼의 굴이 될 것이라고 예언했다(사 34:13). 우리 주님은 이런 예루살렘을 보고 탄식하시며 괴로워하셨다. "예루살렘아 예루살렘아 선지자들을 죽이고 네게 파송된 자들을 돌로 치는 자여 암탉이 그 새끼를 날개 아래에 모음 같이 내가 네 자녀를 모으려 한 일이 몇 번이더냐 그러나 너희가 원하지 아니하였도다"(마 23:37). 그러나 계시록에서 예루살렘은 "거룩한 성"으로 불린다. 하나님 백성의 죄는 사함을 받았고, 그들의 죄과는 사면을 받았으며, 저주는 걷혔다.

실패한 결혼, 회복된 결혼

"신부가 남편을 위하여 단장한 것" 같다(계 21:2)는 표현에서 우리는 비슷한 아름다운 이미지를 본다. 신부는 성경에서 흔히 나오는 이미지이며, 에덴동산의 첫 부모에까지 이어진다. 구약성경 전체를 통틀어 신부의 이미지는 하나님과 그 백성의 관계를 나타낸다. 이사야 선지자는 말한다. "너를 지으신 이가 네 남편이시라"(사 54:5).

그런데 성경에서 이 신부 이미지는 주로 결혼의 실패를 기록할 때 등장하는 것이 아이러니다. 이 슬픈 주제는 예레미야 2장에서 전환점을 맞이한다. 하나님은 여기에서 이혼 소송을 제기하는데, 하나님은 자기 백성의 영적 간음을 근거로 언약과 관련한 소송을 제기하신다. 이혼 법정에 등장한 하나님은 결혼을 파멸로 이끈 모든 증거를 제시한다. 또한 호세아 선지자를 생각해보라. 그는 이스라엘의 영적인 불륜을 보여주기 위해서 창기인 고멜과 결혼하도록 명령받았다. 팀 켈러는 구약성경 전체의 이야기를 설명하면서 하나님이 역사상 가장 참혹한 결혼의 희생자가 되셨다고 말한다.

그러나 성경의 마지막에 이르러 마침내 이 저주가 걷힌 것을 목격한다. 이는 결혼식 장면이다. 하나님의 백성은 "신부가 남편을 위하여 단장한 것" 같다. 이 장면이 더욱 놀라운 이유는 신랑이 신부를 위해 자기 피를 흘렸다는 사실이다. 신부, 즉 교회의 모든 허물과 더러운 것을 피로 씻어서 흠과 점 없이 완전하게 만들었다. 모든 신부는 결혼식 때 완벽한 모습을 보여주기 위해 피나는 노력을 한다. 나는 백 번의 결혼식을 주례했지만, 아름답지 않은 신부를 본 적이 한 번도 없다. 계시록은 순백의 거룩한 신부의 모습을 통해 모든 죄가 용서받고, 허물이 사함을 받으며, 저주가 걷힌 사실을 보여준다.

더 이상 눈물이 없다

그다음 놀라운 약속이 나온다. "모든 눈물을 그 눈에서 닦아주시니"(계 21:4). 죽음도 없다. 애통도 없다. 곡하는 것도 없다. 모든 것은 지나갔다.

하나님이 눈물을 닦아주시는 장면도 아름다운 이미지다. 우리가 천국에 도착할 때, 지상에서 겪은 고난으로 인한 눈물이 한두 방울 뺨에 남아 있다. 하나님은 은혜의 손수건을 꺼내 들고 이렇게 말씀하신다. "그래, 그래, 우리 아가." 그러고는 마지막 눈물을 닦아주신다. 우리는 이 삶에서 얼마나 많은 눈물을 흘렸던가! 우리는 슬픔의 눈물, 회개의 눈물, 사랑하는 이를 잃은 눈물, 놓친 기회에 대한 회한의 눈물, 좌절과 분노의 눈물… 등등 많은 눈물을 흘렸다. 아픔에 민감한 사람은 눈물이 많다. 하지만 이 타락한 세상에서는 상상하기 힘든 약속이 여기 있다.

더 이상 눈물이 없다!

사망의 죽음

그리고 더 이상 사망도 없다. 최후의 원수(고전 15:26)이자 아마도 최대의 원수인 죽음 역시 파괴되었다. 사망은 아픔과 좌절을 불러온다. 우리는 나사로의 무덤 앞에서 우신 예수 그리스도를 보며 이 사실을 분명하게 확인한다. 우리 주님은 죽음으로 인류에게 일어난 일에 대해 의분으로 충만하셨다(요 11:35). 우리 모두 그런 경험이 있다. 사랑하는 사람을 다시 이 세상으로 되돌릴 수 없는 사망의 끔찍한 힘을 몸소 경험했다. 그러나 언젠가 그 저주는 뒤바뀔 것이다. 사망은 그리스도의 죽음 안에서 최후를 맞이할 것이다. 그리고 생명은 그리스도의 부활 안에서 생명을 되찾는다.

휘튼 칼리지에서 2015년에 사망할 당시까지 영어를 가르쳤던 로저 룬딘의 이야기를 들어보자. 룬딘 박사는 십 대 때 형제를 잃은 후, 오랫동안 악몽에 시달렸다. 그들은 한방을 썼는데, 서로 침대를 벽에 붙인 채 마주 놓았다. 꿈속에서 침대에 누운 형제의 모습을 보는데, 이미 생명이 떠난 몸이었다. 꿈속에서 누군가가 형제의 몸에 손을 대기만 하면 다시 살아날 수 있다고 그에게 말했다. 그러나 어찌 된 영문인지 룬딘은 손을 뻗어 형제를 만질 수 없었다. 그는 땀에 젖은 채 잠에서 깨어나고 이내 죄책감에 시달렸다. 형제가 떠난 빈 침대를 바라보며, 형제를 잃은 상실감에 다시 휩싸였다.

룬딘의 슬픈 이야기를 들으며 누가가 전한 놀라운 이야기가 생각난다. 예수는 손을 내밀어 죽은 자의 관에 손을 대셨다(눅 7:11~17). 그때 구세주는 나인이라는 성으로 가는 길이었는데, 성문에 가까이 오실 때 장례 행렬과 맞닥뜨린다. 한 과부의 어린 아들이 죽었고, 모든 성읍 사람이 장례를 치르기 위해 아이의 몸을 옮기고 있었다. 그런데 예수가 손을 내밀어 아이의 관을 만지자, 죽음은 즉시 길을 멈추었다. 한 번의 만짐, 한 마디의 명령으로 죽었던 아이가 되살아났다.

예수 그리스도는 삶과 죽음을 주관하신다. 예수는 부활의 능력으로 다시 죽지 않으신다. 또한 동일한 능력으로 자기를 따르는 자를 다시 살리시고 영생을 주신다. 예수께서 부활의 첫 열매였다. 예수의 계획은 모든 자녀가 다시 살고, 다시는 죽지 않는 것이다. 더 이상 죽음은 없다! 그리스도의 죽음은 사망의 죽음이고, 그의 부활은 영생의 탄생이다.

더 이상 아픔이 없다

더 이상 죽음이 없고, 더 이상 아픔이 없다. 아픔 역시 사라질 것이다. 어떤 아픔은 죽음보다 더 아프다. 깨어진 관계, 별거, 이혼, 거부, 만성질환, 잊을 수 없는 증오와 분노의 말들. 5장에서 리곤 던컨이 마거릿 클락슨에 대해 했던 말은 분명 사실이다. 이 재능 있는 찬송 작가는 어려서부터 말년까지 만성 관절염으로 고통을 받았다. 그녀는 이런 개인적 경험을 바탕으로 찬송시에서 예수 그리스도가 "모든 아픔의 주님"The Lord of human pain이라고 선포했다.[4] 때로는 삶이 너무나 아파서 견디기 힘들 때가 있다. 만물이 죄의 고통 아래서 신음하고 있다(롬 8:22). 그러나 언젠가는 저주가 뒤바뀔 것이다.

더 이상 죄가 없다

하나님이 자기 백성을 위해 예비하고 계신 영구한 집에서는 더 이상 이러한 저주가 없다. 아픔도, 애곡도, 죽음도 없다. 사망은 파괴되고, 죄는 끝장날 것이다. 하나님을 찬양하라! 계시록은 "두려워하는 자들과 믿지 아니하는 자들과 흉악한 자들"(21:8)에 대해 말한다. 또한 신약성경이 말하는 가장 흉악한 죄악들을 열거한다. 계시록은 이러한 죄악이 새 하늘과 새 땅에선 더 이상 있을 수 없다고 단언한다. "무엇이든지 속된 것이나 가증한 일 또는 거짓말하는 자는 결코 그리로 들어가지 못하되 오직 어린양의 생명책에 기록된 자들만 들어가리라"(21:27). 어떤 의미에서 이는 무서운 말씀이다. 모든 하나님의 원수에게 임할 영원한 심판을 선포한다. 누구든 죄를 회개하지 않은 자는 하나님의 영원한 집에 있을 곳이 없다. 그러나 이 경고의 말씀은 한편으로 우리에겐 은혜다. 우리는 다만 이렇게 구하면 된다. "나는 죄인으로 남긴 싫습니다. 죄로부터 떠나고 싶습니다. 죄를 씻고 싶습니다. 예수님, 저는 주님이 주시는 용서를 원합니다."

우리는 하나님께 나아가 예수 그리스도의 이름으로 우리 죄의 용서를 구한다. 그러므로 계시록 21장 27절은 소망이 담긴 약속이다. 하나님이 악을 완전히 이기셨음을 보여주기 때문이다. 영광에는 죄가 거할 자리가 없다. 우리의 모든 죄가 끝장나는 것보다 저주의 소멸을 더 확실하게 보여주는 것이 있을까? 우리는 일평생 죄와 씨름한다. 위대한 신학자 어거스틴은 인간의 마음을 깊이 숙고했으며, 우리가 더 이상 죄를 지을 수 없는 행복한 날을 고대했다. 언젠가 우리는 자신을 그토록 옭아매었던 죄로부터 구원받을 것이다. 우리가 하는 것과 우리가 하고 싶은 것이 온전하게 하나가 될 것이다. 생명을 주시는 예수 그리스도의 은혜로 우리는 죄 없는 완벽한 상태에 도달할 것이다.

조니 에릭슨 타다는 어린 나이에 다이빙 사고로 전신 마비를 입었다. 이후 그녀는 그리스도를 영접했으며, 장애인을 섬기는 데 헌신했다. 조니의 신체적 장애를 고려하면, 다음 글에 나타난 영원에 대한 그녀의 깊은 열망은 참으로 놀랍다.

나는 아무런 죄의 흔적 없이 의로 옷 입는 그날을 손꼽아 기다린다. 일어서고, 몸을 쭉 펴고, 하늘로 손을 뻗는 것은 멋진 일이 될 것이다. 하지만 순전한 찬양을 드릴 수 있음이 더욱 멋진 일일 것이다. 산만함과 불성실과 심드렁함으로 때때로 절름발이가 되는 찬양을 더 이상 드리지 않아도 된다는 사실이 더욱 멋질 것이다. 이제 나의 기쁨은 당신의 기쁨과 합쳐지고, 우리는 열광적인 경배로 흥분을 감추지 못할 것이며, 마침내 성부와 성자를 그런 마음으로 경배하게 될 것이다. 내게는 이것이 천국에서 가장 기대되는 부분이다.[5]

우리는 전적으로 성화되고, 만족할 것이다

이것이 끝이 아니다. 죄가 없을 뿐 아니라, 또한 만족함이 있다. 이것을 상상이나 할 수 있을까? 이 타락한 세상에서 우리는 모두 저주로 고통을 당한다. 마음속 깊이 불만이 가득하다. 삶은 언제나 기대를 저버린다. 최상의 순간에서조차 일말의 실망감이 온전한 행복을 망친다.

나 역시 신발 가게에서 이런 순간을 경험한 적이 있다. 슬프게도 제일 아끼는 신발을 잃어버렸다. 아무리 찾아도 보이지 않았다. 그래서 가게에서 똑같은 신발을 찾았지만 없었다. 똑같은 신발은 더 이상 생산되지 않았다. 나는 원하는 신발을 얻지 못해 마음에 불만이 가득했다.

그때 문득 몇 주 전에 도미니카공화국에 갔던 일이 기억났다. 당시에 운동화 밑창이 떨어졌는데, 누군가가 풀로 다시 붙여주었다. 그가 그렇게 할 수 있었던 것은, 새 신발을 살 수 없는 동네 아이들의 신발 밑창을 붙여준 경험이 많았기 때문이었다. 우리는 얼마나 쉽게 불만을 터뜨리는지!

그레그 이스터브룩은 《진보의 역설》(에코리브르 역간)에 이런 내용을 담았다.[6] 부제는 "우리는 왜 더 잘살게 되었는데도 행복하지 않은가"이다. 그는 먼저 우리 삶이 얼마나 좋아졌는지 설명한다. 음식, 건강, 교육, 통신, 기후, 오락, 교통 등 모든 면에서 나아졌다. 그러나 사회학자들은 미국인의 만족도는 "약간 만족함"에 그친다고 밝힌다. 이스터브룩은 '어플루엔자'*affluenza*라고도 부르는 이 모순적 현상에 대해 다양한 설명을 시도한다.

더 근본적인 문제는 타락한 세상에서는 누구도 진정한 만족을 얻지 못한다는 데 있다. 우리가 진정으로 원하고 찾는 것은, 우리가 그 사실을 인식하든 못하든 간에, 살아계신 하나님과의 관계다. 다윗은 이를 잘 표현했다.

하나님이여 주는 나의 하나님이시라. 내가 간절히 주를 찾되 물이 없어 마르고 황폐한 땅에서 내 영혼이 주를 갈망하며 내 육체가 주를 앙모하나이다(시 63:1).

계시록 마지막 장에서 우리의 구원에 관한 이야기를 읽으면서 비로소 우리 영혼의 갈증은 해소된다. 예수께서 말씀하신다. "내가 생명수 샘물을 목마른 자에게 값없이 주리니"(계 21:6). 이것이 만족의 이미지다. 단지 천국에 물이 많다는 이야기가 아니다. 살아계신 하나님만이 줄 수 있는 영적인 만족에 관한 말씀이다. 다가올 하나님 나라에는 생수의 강이 흐른다(계 22:1). 이는 성경의 또 다른 주요 주제다. 시편 1편의 시냇가에 심긴 나무와 같은 사람, 시편 46편의 하나님의 성읍을 가로지르는 강, 에스겔서의 하나님 보좌에서 흘러나와서 바닷물을 담수로 만드는 물줄기(겔 47:8)를 생각해보라. 특히 '생수'(요 4:10)를 주신다는 예수 그리스도의 약속을 생각해보라. "나를 믿는 자는 성경에 이름과 같이 그 배에서 생수의 강이 흘러나오리라"(요 7:38). 이 약속들은 우리가 하나님 나라에 귀향할 때 비로소 성취될 것이다.

저주의 반전에 대해 할 말이 더 있다. 지금은 많은 나라가 전쟁을 하지만, 계시록에서 우리는 열방의 치유를 본다. 모든 백성, 모든 민족이 그에게 나아갈 것이다. 모든 적대감은 사라지고, 모든 원수가 화해하며, 모든 민족은 조화롭게 살 것이다.

계시록은 이 모든 약속을 하나로 묶어서 이렇게 말한다. "다시 저주가 없으며"(계 22:3). 위대한 변화, 전면적 반전이 일어날 것이다. 이 타락한 세상에서 손상을 입은 것, 결혼, 도시, 아픔, 죽음, 깨어진 관계, 국제 분쟁, 그 모든 것이 뒤집힐 것이다.

구원이 완성되다

더 있다! 하나님은 단순히 예전으로 되돌리려는 것이 아니다. 그분은 절대적 완벽을 향해 앞으로 나아가신다. 성경 마지막 두 장의 세 번째 위대한 주제는 구원의 완성이다. 하나님은 모든 것을 원래 의도하신 대로 완벽한 결론으로 이끄신다. 이는 우리가 이전에 보았던 것을 훨씬 뛰어넘는다.

모든 것이 새롭다

"새롭다"new는 단어가 얼마나 자주 등장하는지 눈여겨보라. 특히 계시록 21장 초반부에 많이 등장한다. 새 하늘, 새 땅 그리고 새 성막, 새 성전, 새 예루살렘이 있을 것이다. 땅에서 하늘로 옮겨지는 것만 이야기하지 않는다. 하나님은 우리를 이 세상에서 다른 세상으로 옮기실 뿐 아니라, 이 세상을 새롭게 만드실 것이다. 우리가 얼마나 새로워질지 상상해보라! 하나님이 장막과 성전으로 내려오셨을 때, 그분은 자기 백성과 함께 거하였으며 영광은 성소를 가득 채웠다.

성소가 충만해지다

이러한 배경에서 하나님께 대한 예배는 늘 물리적 구조물을 중심으로 이루어졌다. 새 예루살렘에서도 일종의 성전, 하나님을 예배하는 특정 장소를 기대한다. 그런데 여기에 놀라운 반전이 있다. 더 이상 성전이 없다! 성전은 하나님이 거하시는 곳인데, 여기에선 도시 전체에 하나님이 거하시기 때문이다. 도시 전체가 하나님의 성소다. 모든 거리, 모든 건물에 하나님 임재의 영광이 가득하다. 도시 전체가 성전이다.

여기서 성경의 '성전'이라는 주제가 완성된다. 모세가 성막을 짓고, 솔로몬이 성전을 지었을 때, 하나님은 하늘에서 내려와 자기 백성과 함께 거하셨다. 그러나 언젠가 하나님은 우리와 영원히 함께하실 것이다. 그날이 오면, 더 이상 성전이 없을 것이다. 도시 전체가 하나님 영광의 광채로 가득할 것이다. 비로소 하나님이 함께하시는 구원의 약속이 완성될 것이다.

그리스도가 보좌에 앉다

천국의 모든 영광 중에 최고는 하나님 본체의 영광이다. 보좌에 앉으신 그리스도를 생각해보라. 계시록 21~22장은 기본적으로 장소가 아니라 인물에 관한 것이다. 구원이 완성되면, 창조는 재구성되고 저주는 벗겨진다.

필립 라이켄

그 중심에는 예수 그리스도가 있다. 그분이 거기 계심으로써 비로소 천국이 완성된다. 이 두 장에서 예수는 어디에나 등장한다. 그의 임재는 새 예루살렘에 가득하며, 그의 영광은 새 하늘과 새 땅에 충만하다. 그곳이 영광스러운 이유가 바로 여기에 있다. 계시록 21장 2절에서 예수는 신부를 기다리는 신랑과 같다. 3절에서 언약의 완성을 이야기하는 보좌의 음성도 그의 것이다. 하나님은 자기 백성과 함께하시며 그들의 하나님이 될 것이다. 4절에서 그는 위로하시는 성령과 함께 우리 눈물을 닦아주신다. 5절에서 그는 아버지와 함께 만물을 새롭게 하신다. 6절에서 그는 알파와 오메가이며, 처음과 마지막이고, 영존하시는 전능한 하나님이다. 그는 다윗의 뿌리이며 자손이다(22:16). 그는 목마른 영혼을 만족하게 하는 생수다(21:6). 그는 어린양(22:1), 빛(22:5), 등불(21:23)이며, 도시의 생명이다. 하나님의 도성에서 빛나고 아름다운 모든 것은 우리 주 예수 그리스도의 영광을 반사하고 있다. 그는 우리가 상상할 수 있는 가장 아름다운 곳에 계신 가장 아름다운 분이다.

티끌에서 영광으로

영광스러운 몸으로 다시 부활하신 예수 그리스도가 우리 예배의 초점이다. 그리하여 땅의 티끌이 하늘의 보좌에 앉을 것이다. 스코틀랜드 신학자 토마스 보스톤은 예수의 영광스러운 모습을 이렇게 기술한다.

[성도는] 신체의 눈으로 예수 그리스도, 즉 하나님-사람을 보게 될 것이다. 예수는 결코 인성을 버리지 않으실 것이다. 성도는 예수의 영광스럽고 복된 몸을 볼 것이며, 예수의 몸은 신성과 연합되어 있고, 모든 이름과 권세 위에 높임을 받을 것이다. 거기에서 우리는 베들레헴에서 마리아에게 나시고, 예루살렘에서 두 강도 사이에서 십자가에 달리셨던 예수의 몸을 두 눈으로 목격할 것이다. 가시관을 쓰셨던 머리와 침 뱉음을 당했던 얼굴, 못이 박혔던 손과 발은 말할 수 없는 영광으로 빛날 것이다. 사람이신 그리스도the man Christ의 영광은 모든 성도의 시선을 사로잡을 것이다.[7]

보스톤은 또한 이렇게 말한다. "위대한 왕 앞에서 성도가 느낄 행복감은 또 어떠한가? 그는 보좌에 앉으셨으며, 그의 영광은 사람이신 그리스도 안에 충만하다."[8]

조나단 에드워드는 펜실베니아 동부 원주민에게 복음을 전했던 친구 데이비드 브레이너드의 장례식에서 비슷한 이야기를 했다. 브레이너드는 사역을 통해 백 명이 넘는 원주민이 예수 그리스도를 믿는 것을 보았다. 그러나 불과 스물아홉의 나이에 병에 걸려 에드워드의 집에서 죽었다. 에드워드는 친구이자 위대한 선교사의 죽음을 만나 슬픔에 빠졌다. 브레이너드의 장례식에서 그가 남긴 말에 이러한 심정이 잘 드러나 있다. 에드워드는 곧 썩어 없어질 장막 집의 연약함을 생각하며, 다음과 같이 말했다.

필립 라이켄

아, 영광스러운 그리스도와 함께 있게 되는 것은 얼마나 큰 특권이며 행복일까 … 그리스도는 천사들의 왕, 우주의 하나님으로서 보좌에 앉으셨으며, 영광의 태양으로 빛나신다. … 거기에서 그의 친구이자 형제로서 사랑을 만끽하고, 그와 함께 자유롭고 친밀하게 대화를 나눈다. 그가 성부와 함께 누리는 무한한 기쁨과 쾌락을 함께 나눈다. 거기에서 그와 함께 보좌에 앉아, 모든 것을 함께 다스린다. … 거기에서 그와 함께 그의 아버지 곧 우리 아버지, 그의 하나님 곧 우리 하나님께 영원히 즐거운 찬송을 부른다![9]

이제 겨우 시작이다

—

창조가 다시 구성되면, 즉 저주가 벗겨지고 구원이 완성되고 그리스도가 보좌에 앉으시면, 끝이 아니라 이제 영광이 막 시작된 것이다. 새 하늘과 새 땅에선 계시록의 모든 약속이 실현되고, 영원히 더욱 확대된다. 핍박의 고난은 잠깐이지만, 승리의 다스림은 영원히 지속한다.

새 하늘과 새 땅이라는 복을 언급하면서 영원성이라는 요소는 매우 중요하다. 영원하지 않으면, 우리를 완전히 사로잡을 수 없다. 계시록은 이 복이 영원히 우리 것이라고 거듭 말한다.

나는 어렸을 때, 영원이라는 것이 무서웠다. 밤에 자다 말고 일어나 부모님께 달려가서 물어보았던 것도 바로 영원에 관한 의문이었다. 계시록 막바지에서 우리는 하나님 백성이 누릴 복에서 근본적으로 중요한 부분이 천국의 영원성임을 분명하게 볼 수 있다.

이 타락한 세상에서 우리를 가장 좌절하게 만드는 것은 "모든 좋은 것에는 반드시 끝이 있다"라는 사실이다. 우리 삶 속에 일어나는 나쁜 일들도 우리를 실망하게 하지만, 모든 좋은 것도 결국 끝나고 만다는 사실에 우리는 크게 좌절한다. 그런 일은 행복의 절정에서 생길 수도 있다. 이제 막 인생의 단맛을 느끼자마자, 우리는 곧 이 행복도 지나가리라는 사실을 깨닫는다. 행복을 붙들어 두고 싶지만, 그럴 수가 없다. 하지만 영광스럽게 된 하나님의 백성에겐 이런 쓰라림이 없다. 우리가 천국에 가면, 하나님의 복은 영원히 우리 것이 된다.

지금도 1977년 그 여름의 슬픔을 잊지 못한다. 그때 난 겨우 열 살이었다. 우리는 그해 여름 영국에서 휘튼 칼리지 학생들과 함께 문학을 공부하고 있었다. 생애 최고의 여름이었다. 성, 성당, 축구, 프리스비, 노래 예배, 강연, 책, 평생 지속할 우정. 여름이 끝날 무렵, 몇몇 학생이 작별 콘서트를 준비했다. 마지막 노래는 실스 앤 크로프츠Seals and Crofts의 곡이었다. "다시는 이 길을 지날 수 없을지 몰라"We May Never Pass This Way Again. 그들이 노래를 부르자, 방안엔 깊은 비애가 가득 찼다.

노래가 끝난 후, 리드 싱어가 말했다. "이렇게 콘서트를 끝내는 것은 좋지 않군요." 그 말이 옳다는 걸 알았다. 그날 밤 느꼈던 슬품을 잊을 수 없다. 여름이 가고 있었고, 다시는 돌아올 수 없는 그 무언가가 떠나가고 있었다. 우리는 결코 그 길을 다시 갈 수 없다.

우리가 이 땅에서 누리는 모든 기쁨도 마찬가지다. 명절도 지나간다. 휴가도 끝이 있다. 잔치는 언젠가 끝난다. 좋아하던 일을 그만두어야 할 때가 온다. 운동을 하지 못할 때가 온다. 친구와 가족도 떠나간다. 아이들은 크면 집을 떠난다. 조만간 우리는 모든 것에 작별을 고해야 한다. 세상에서 가장 사랑하는 사람에게 이별을 고해야 한다. 모든 것이 지나간다.

마지막 하늘과 마지막 땅

그러나 영광이 오면, 다시는 이별이 없다. 성경은 말한다. "이 세상도, 그 정욕도 지나가되 오직 하나님의 뜻을 행하는 자는 영원히 거하느니라"(요일 2:17). 새 하늘과 새 땅은 마지막 하늘과 마지막 땅이 될 것이다. 그들은 지고한 영광 속에 영원히 그대로 머물 것이다. 그래서 금과 보석으로 서술되었다. 땅에서 나는 귀한 것이 영구한 하늘을 지향한다.

지고한 영광은 하나님 자신의 광채다. 하나님의 영광은 영원히 쇠하지 않기에, 우리 영광도 사라지지 않는다. 참으로 영원한 영광이 될 것이다. 절대적으로 완벽한 영광이 영원히 지속할 것이며, 기쁨은 그치지 아니할 것이다.

C. S. 루이스는 그의 책 《마지막 전투》에서 영원한 삶의 무구한 기쁨을 이렇게 묘사했다.

그 후에 일어난 일들은 너무나 위대하고 아름다워서 필설로 형언할 수 없다. 우리에겐 이것으로 끝이지만, 그들은 그 후로도 행복하게 잘 살았다. 이 땅에서 살았던 그들의 삶은 책의 겉표지와 제목에 불과하다. 이제 그들은 위대한 이야기의 첫 장을 이제 막 시작하려 한다. 이 땅에 사는 사람 중엔 아직 그 이야기를 읽어본 사람이 없다. 그 이야기는 영원히 이어진다. 새로운 장이 시작될 때마다 이전 장보다 더 멋진 이야기가 펼쳐진다.[10]

누구든 새 하늘과 새 땅을 바라보는 자는 존 던처럼 기도하라. 영국의 위대한 설교가이자 시인인 그는 하나님을 향한 영원한 예배를 바라보면서, 이 아름다운 기도를 올려드렸다.

오 주여, 우리가 다 깰 때, 우리를 본향으로, 천국의 문으로 인도하소서. 문을 지나 주님의 집에 거하게 하소서. 거기엔 다시는 어둠도 눈부심도 없습니다. 오직 한결같은 빛이 있을 뿐입니다. 적막이나 소란도 없습니다. 한결같은 음악이 있을 뿐입니다. 두려움도 희망도 없습니다. 오직 한결같은 평정심뿐입니다. 끝과 시작도 없으며, 오직 영원뿐입니다. 주님의 영광과 통치 안에서 세상은 끝이 없습니다.[11]

사도 요한은 간단한 기도를 올린다. 계시록 끝에서 그는 그리스도의 말씀을 인용한다. "내가 진실로 속히 오리라." 그리스도의 이 말씀을 들은 요한은 울부짖는다. "아멘, 주 예수여 오시옵소서!"(계 22:20).

이것이 또한 우리의 기도다. "주 예수여 오시옵소서!" 우리가 이 기도를 할 때마다, 요한이 선포한 축복이 우리와 함께한다. 모든 것이 새로워질 그날을 기다리는 모든 자에게 선포된 축복이다. "주 예수의 은혜가 모든 자들에게 있을지어다. 아멘"(22:21).

죄로 물든 세상에서 하나님의 공의를 구해야 하는 성경적 근거

패널 토의

D. A. 카슨
팀 켈러
존 파이퍼
보디 보캄
타비티 얀야빌리
미구엘 누네스

2014년과 2015년에 미국은 뉴욕과 미주리주 퍼거슨시를 포함한 여러 도시에서 발생한 인종 폭력 사태로 몸살을 앓았다. 언론은 소수자를 위한 정의 문제를 대서특필했고, 복음주의자는 성경에서 말하는 사회 정의가 무엇인지를 고민해야 했다. 교회는 우리 사회를 뒤흔드는 폭력과 분열에 대해 어떻게 반응해야 하는가? 경찰과 일부 시민 사이에서 갈등이 깊어질 때, 그리스도인은 어떻게 해야 하는가? 성경은 정의에 관해 무엇이라고 말하는가? 성경의 지혜를 우리 삶에 어떻게 적용해야 할까?

2015년 〈가스펠 코얼리션 전국 콘퍼런스〉에서 여섯 명의 참가자는 이 질문을 놓고 토론했다. 토론의 생동감을 살리기 위해 편집은 최소화했다. 오늘날 복음주의자들이 대답해야 할 질문에 대한 사려 깊은 성경적 해답을 얻는 데 조금이나마 도움이 되기를 바란다.

—제프 로빈슨

돈 카슨: 미디어와 담을 쌓은 사람이 아니라면, 최근 퍼거슨이나 뉴욕 등에서 발생한 사태에 대해 매우 중요한 논의가 오가고 있음을 알 것이다. 각자 생각이 다를수록, 이런 문제를 토론하는 것이 중요하다. 사사로운 감정이 개입될 수 있는 사안인 만큼, 성경에 복종하고 하나님 말씀에 순종하려는 자세로 토론에 임하면 좋겠다.

여기서는 더 포괄적인 주제로 시작해보자. 인종 문제 외에도 정의와 관련된 문제가 많이 있다. 가난, 소비주의, 인신매매, 정치 부패 등에 대해 근본적으로 점검할 필요가 있다. 이런 주제에 대한 성경적, 신학적 함의와 함께 이것을 어떻게 적용할 것인지 말해보자. 오늘 이 시대, 이 상황에서 정의와 의에 대해 말해주는 성경 본문과 신학적 주제가 무엇일지 먼저 이야기하자.

팀 켈러: 사람은 하나님의 형상으로 지어졌기에, 창세기 9장에서 하나님은 사람을 죽인 짐승에게조차 책임을 물으신다. 또한 야고보는 하나님의 형상으로 지음받은 사람을 저주하거나 말로 학대하지 말라고 말한다. 그는 사람에게 심한 말을 하는 것조차 금한다. 이처럼 사람을 대할 때 하나님의 형상이라는 개념을 기억하는 것이 매우 중요하다. 가령 아모스 1, 2장에서 하나님은 이스라엘 주변의 이방 나라에 인종학살, 제국주의, 압제와 무자비에 대한 책임을 묻는다. 사실 이들은 하나님의 법도 성경도 모르는 민족이다. 그럼에도 하나님은 이들에게 공의에 대한 책임을 묻는다. 하나님의 형상으로 지음받은 사람을 공의로 대했는지를 눈여겨보신

다. 이쯤 하면, 인권을 존중하고, 인간의 존엄성을 존중해야 하는 근거가 어디에 있는지 알 수 있을 것이다.

보디 보캄: 먼저 하나님과 하나님의 형상이 무엇을 의미하며 그 의미가 어떻게 실현되는지를 이해하려면, 5~10계명을 살펴보아야 한다. 바울은 로마서 13장에서 "피차 사랑의 빚 외에는 아무에게든지 아무 빚도 지지 말라"고 말한다. 그런 후 이 계명을 이야기한다. 기본적으로는, 인간의 고유한 존엄성과 가치가 하나님의 형상으로 지음받았기 때문이다. 그리고 이 문제와 관련해, 사람을 실제로 어떻게 대해야 하는지 더 깊이 이해하려면 도덕법을 알아야 하며, 이를 위해 하나님이 우리에게 주신, 우리 모두가 지켜야 할 도덕적 기준을 살펴야 한다.

타비티 얀야빌리: 태초에 하나님은 사람에게 생육하고 번성하여 땅을 채우라고 하셨다. 이 일은 그에게 영광을 돌리는 것이었다. 말라기 2장 15절은 하나님이 왜 결혼 제도를 세우셨는지를 설명한다. 자기에게 영광을 돌릴 자손을 두기 원함이었다. 따라서 정의는 예배와 관련이 있다. 인간이 번성하는 일과 서로를 하나님 영광을 드러내는 하나님의 형상으로 대하는 일은 서로 관련이 깊다. 이로써 정의의 실현을 논의하기 위한 기초는 놓였다고 생각한다.

존 파이퍼: 나는 좀 더 나아가려 한다. 정의란 하나님에게 마땅한

권리가 행사되도록 행동하는 것이다. 이것이 정의의 기본 개념이다. 하나님은 자기 권리대로 행동하신다. "하나님의 권리가 뭔가요?"라고 물을지 모르겠다. 하나님의 무한한 가치와 부합되는 행동을 말한다. 따라서 궁극적인 바름이란 하나님의 가치와 부합되는 행동, 생각, 감정이다. 이를 먼저 분명히 하지 않고 사람에서 출발하면, 비록 하나님의 형상을 말한다 할지라도 결국 인간 중심의 방향, 인간 중심의 세계로 잘못 나갈 위험이 크다. 복음은 하나님이 자기에게 죄 지은 자를 벌하실 권리가 있음을 분명히 한다. 그래야 자비가 있을 수 있다. 하나님의 의에서 시작하지 않으면, 복음은 말이 되지 않는다. 하나님은 자기의 영원한 가치에 부합하도록 행동하지 않은 자들을 벌하실 권리가 있다.

미구엘 누네스: 한두 가지만 추가하고 싶다. 하나님의 성품은 공의롭고 의롭다. 그분이 우리에게 정의로운 법을 주셨다. 하지만 사람이 이 법을 어김으로써 모든 불의가 시작되었다. 하나님의 법을 어김으로써 하나님의 형상이 손상되었다. 모든 불완전과 불의의 원인은 타락이다. 하나님은 사람 속에서 자기 형상을 회복하신다. 만일 당신이 마음과 혼과 뜻과 힘을 다해 하나님을 사랑하려 한다면, 하나님이 사랑하는 모든 것을 사랑해야 한다. 우리는 성경을 통해 하나님이 공의를 사랑한다는 사실을 안다. 하나님은 공의로운 분이다. 또한 성경은 우리가 형제를 내 몸처럼 사랑하고, 대접받기 원하는 대로 남을 대접하라고 가르친다. 사람은 이 법을

어김으로써 불의가 발생했고, 하나님의 형상은 손상을 입었다.

돈 카슨: 이러한 문제에 대해 교회는 얼마나 설교하고 있으며, 사람들은 얼마나 잘 받아들이고 있나? 혹시 이런 근본적인 문제에 대한 논의가 부족하지는 않았나? 하나님께 초점을 맞추는 데 실패하지는 않았나?

보디 보캄: 이 문제에서 우리는 크게 실패했다고 생각한다. 오늘날에는 사람 중심이 대세다. 사람들이 '가스펠 코얼리션'에 열광하는 이유는 하나님 중심의 사고가 옳으며, 이를 다시 부흥시키려는 노력 때문이다. 주님의 양들은 주님의 목소리를 알기에, 하나님이 영광을 받으시며 하나님이 복음의 중심이 될 때, 사람들은 그 복음에 끌린다. 사람들은 참된 복음에 굶주려 있다.

돈 카슨: 두 번째 질문으로 넘어가자. 한 단계 내려가겠다. 성경을 믿고 그리스도를 주님으로 섬기는 신실한 그리스도인들이 공의에 관한 여러 사회 문제에 관하여는 강하게 동의하지 않는 이유가 무엇이라고 생각하는가?

팀 켈러: 한 가지 이유는 각자의 경험이 다르기 때문이다. 인종에 따라 일상적인 경험은 달라진다. 우리는 보는 대로 생각하기 때문이다. 물론 이게 전부는 아니다. 하지만 이것이 한 가지 이유는 된

다. 우리가 그런 경험을 일반화하는 것은 내가 보기엔 정상이다.

보디 보캄: 여기에서 신학의 역할도 생각해 볼 수 있다. 서로 진실하게 사랑하며 여러 사안에 대해서 의견을 같이하면서도, 신학적 견해의 차이로 인해 성경을 다르게 해석하고, 서로 다른 방향으로 나갈 수 있다. 문제는 이러한 논의에 있어서는 그런 차이를 용인하지 않는다는 점이다. 세례에 대해서는 한 사람은 이렇게 생각하고, 다른 사람은 저렇게 생각할 수 있으며, 우리는 신학적 견해의 차이를 인정한다. 한 사람은 좋은 사람이고, 다른 사람은 나쁜 사람이라고 정죄하지 않는다. 그러나 민감한 사안이 발생하면 옳고 그른 사람을 구분하는 경향이 있다. 같은 진리를 해석하면서도 말이다.

얀야빌리: 성경은 정의에 대해 하나님으로부터 윤리적 사랑에 이르기까지 이야기한다. 다만 첨언하고 싶은 부분은 대부분 그리스도인이 이러한 진리에 대해 제대로 훈련받지 못했다는 사실이다. 사람들은 성경이 하나님의 형상, 하나님의 권리와 공의에 관해 이야기한다고 말한다. 그러나 여론조사를 해보면, 대부분 이런 반응이다. "이런 주제에 대해 들어본 적이 없습니다. 여기서 나온 그런 얘기들을 들어본 적도 없고, 실제로 이런 문제로 분쟁에 휘말리면 어떻게 행동해야 할지 전혀 모르겠습니다."
미국 교회는 정의에 대해 제대로 훈련받지 못했다고 생각한다. 대

부분 정치적 견해나 개인적 경험에 의존하며, 성경을 깊이 묵상한 결과는 아니다. 성경을 상고한다 해도 다른 견해를 가질 수 있지만, 적어도 성경의 가르침에 대해서는 동의할 수 있을 것이다. 그러나 그것조차 이루어지지 않는 경우가 많다.

켈러: 얀야빌리가 한 말에 조금 더 덧붙이겠다. 이런 주제를 신학적으로 생각하기보다는 정치적 목소리에 더 큰 영향을 받는 것이 사실이다. 예를 들어, 진보주의자는 개인을 사회로부터 보호하는 것이 정의라고 생각한다. 사회나 종교가 뭐라고 하든 개인은 자기 생각대로 살아야 한다고 믿는다. 반면 보수주의자는 개인이 국가, 정부, 규제, 법으로부터 보호되어야 한다고 생각한다. 서로 매우 다르면서도, 성경적 관점에서 보면 둘 다 얄팍하다. 그들은 어떤 면에서 성경이 말하는 정의를 말하는 것처럼 보인다. 그러나 단지 그들이 웹사이트에 올린 내용을 읽는 수준에서 그친다면, 퍼거슨이나 스텐튼 아이랜드의 문제를 놓고도 성경적으로 생각하는 대신에, 다수의 정치적 목소리를 따라갈 수밖에 없다. 〈가스펠 코얼리션〉 웹사이트의 독자 의견란만 살펴보아도 그런 사실을 확인한다. 대부분 의견이 성경에 기반을 두고 있지 않다.

누네스: 사람을 만날수록, 세계관의 중요성을 깨닫는다. 문제는 세계관이 단순히 지식의 문제가 아니라는 점이다. 우리는 성경에서 많은 지식을 얻는다. 그러나 세계관은 감정, 경험, 성장배경 등

과 관련이 있다. 우리 교인을 비롯해서 많은 사람이 진리를 듣고, 알게 된 후에도 여전히 하나님 말씀과는 다르게 행동한다. 따라서 성경의 진리를 가르칠 때, 청중의 세계관을 인지하는 것이 중요하다. 교인들을 제대로 이해하는 것이 매우 중요하다. 같은 신앙을 가지고, 똑같이 성화된 경우에도, 삶을 바라보는 시선에서 남미인은 북미인과 다를 수 있다. 또한 개인마다 성화의 정도도 다르다고 생각한다.

카슨: 둘이 어떻게 다른지 설명할 수 있나? 재미있을 것 같은데.

누네스: 간단한 예를 들겠다. 라틴아메리카인은 시간을 잘 지키지 않는다. 우리는 늘 늦는다. 북미인에게는 매우 이기적으로 보인다. … 그러나 여기서는 이기적으로 보지 않는다. 우리 문화의 일부이기 때문이다. … 나의 아내는 뉴욕 출신이며 나에게 많은 가르침을 준다. 아내가 저녁을 차려놓고 부르면, 나는 보통 15분쯤 늦게 나타난다. 내 생각엔 별문제 아닌 것 같다. 그러나 정성스럽게 저녁을 차린 아내 입장에선, 이런 내가 이기적이라고 생각할 수 있다. 외에도 수많은 예를 들 수 있다.

분명히 삶은 서로 다르다. 우리는 앵글로색슨족처럼 정리정돈에 철저하지 않으며, 크게 개의치 않는다. 남미 도시들은 교통체계가 엉망이지만, 크게 문제 되지 않는다. 북미인은 남미에 가서 크게 당황할 수 있지만, 남미인은 대수롭지 않게 서로 잘 지낸다. 거기에서 자란 사람에겐 그런 상황이 정상인 셈이다.

그런데 삶에 대한 서로 다른 태도를 인종 문제, 소득이나 교육문제 등에까지 적용할 때 어려움이 있다. 나는 사람의 생각 중에 가장 바꾸기 힘든 것이 세계관이라고 생각한다. 따라서 단순한 지식이 아니라 행동까지 이어지는 성경적 세계관을 심어주는 것은 대단히 어려운 일이다. 바로 그 점에서 문화에 따라 서로 다른 적용이 가능하다고 본다. 적용은 다르게 나타날 수 있다. 그것이 중요하다.

카슨: 야고보서 1장에 이런 말씀이 있다. 부자는 들판의 꽃처럼 죽어 사라지는 것을 인식하고 겸손해야 하며, 가난한 자는 그리스도 안에서 높음을 자각해야 한다. 즉, 같은 복음이라도 두 그룹의 사람에게 매우 다르게 적용되기도 한다. 따라서 목사는 교인 중에 소외되는 사람이 있는지 민감해야 하며, 특별히 구성원의 배경이 다양한 경우에는 더욱 그러하다. 이 일은 쉽지 않다. 사람들이 정의의 문제와 관련해 하나님의 말씀을 근거로 생각하고 행동하도록 돕기 위해서 우리가 해야 할 일은 무엇일까?

파이퍼: "왜 차이가 나는가?"라는 질문에 답하고 싶었는데, 우리가 이 문제에 잘 훈련받지 못했다는 이야기로 이어졌다. 만약 성도들이 잘 훈련받지 못했고, 목사들이 잘 훈련하지 못했다면, 왜 그랬을까? 내가 이런 문제에 대해서 선뜻 나서지 못했던 이유는 피부

에 와닿는 해답을 얻지 못했기 때문이다. 이론을 말하기는 쉽다. 내 생각에, 목사들이 정의의 문제에 나서기를 꺼리는 이유는 어떤 수준에 이르면 무슨 말을 해야 할지 모르기 때문이다.

우리는 할 수 있는 데까지 하면 된다. 창세기 9장에서 하나님의 형상을, 야고보서에서는 하나님 형상으로 지음받은 사람을 저주해선 안 됨을 설교할 수 있다. 우리가 할 수 있는 수준에서 훈련하면 된다.

다른 이유는 비겁함 때문이다. 우리는 겁이 나서 침묵해왔다. 교인 중에는 내가 설교하는 내용을 좋아하지 않는 사람도 있다. 그들이 겁나서 말하지 못하는 것이다. 우리가 해야 할 일을 제대로 하지 못한 두 가지 이유가 여기 있다고 생각한다.

보감: 덧붙여서 이야기하고 싶은 점은 많은 사람이 경험이 최고라는 사상에 물들어서, 경험하지 못했다면 진리라고 생각해도 제대로 말하지 못하고 있다. 성경 진리가 사람의 경험만큼 강력하지 못하다고 여기는 것이다. 또한 성경의 진리를 말할 때, 청중이 처한 상황을 충분히 인식하지 못한 채 말은 그럴 듯하게 한다는 비판을 두려워한다. 하나님의 말씀이 사람의 경험보다 중요하지 않다는 잘못된 생각에 빠져서 뒤로 물러서는 것이다.

우리가 먼저 이 사실을 깨달아야 한다. 그다음 사람들에게 개인의 경험이 전부가 아님을 가르쳐야 한다. 우리의 모든 생각을 그리스도에게 복종시켜야 하듯, 우리의 경험도 그렇게 해야 한다. 따라서 경험이 없기 때문에 어떤 문제에 대해서 말하지 못하는 것은 자신과 교인들에게 잘못하는 것이다. 경험을 무시하려는 것이 아니라, 경험이 전부인 것처럼 믿고 행동하지 않아야 한다는 뜻이다.

켈러: 정의와 관련된 문제에 대해 우리가 충분히 언급하지 않는다는 지적에 관해 이야기하고 싶다. 사역 초기에 아모스서를 설교한 적이 있다. 알렉 모티어의 〈오늘 말하는 성경〉The Bible Speaks Today 시리즈 소책자를 사용했다. 이 책에서는 놀랍게도, 가난한 사람이 부자보다 정의를 구현하기가 더욱 어렵다는 사실을 잘 보여주었다. 그들은 공정하게 취급되지 않는다. 물론 상대적으로 나은 사회는 있겠지만, 우리 역시 예외는 아니다. 돈이 없으면, 공평하게 취급받지 못한다. 사법체계의 권위자 빌 스턴츠는 《미국 형사사법의 위기》(W미디어 역간)라는 책에서 분명히 말한다. 돈이 없으면, 정의도 없다. 인종 역시 큰 문제다. 인종과 경제 문제는 서로 얽혀 있다. 돈이 없으면, 미국 형사체계에서 공정한 취급을 받기가 힘들다. 그의 주장은 상당히 설득력이 있다.

이 문제를 어떻게 해야 하나? 매우 어려운 문제다. 이는 아모스서의 실제 적용과도 관련이 있다. 아모스서는 가난한 자가 공평하게 재판받아야 한다고 이야기한다. 사실은 그런 사회는 역사상 존재하지 않았으며, 우리 역시 마찬가지다. 이는 인간의 죄 때문이다. 가난한 자를 도와주지 않으면, 가난한 가정에 태어난 아이들을 도와주지 않으면, 그들은 공평한 대접을 받을 수 없다. 그들은 출생에 선택권이 없었다. 가난한 동네 아이가 감옥에 갈 확률은 우리 집 아이보다 300배 정도 높다. 우리는 진리를 이런 수준에서 적용하는 것조차 두려워하고 있지는 않나 싶다. 설교할 때, 이런 사실을 인식하게 하면 좋겠다. "어느 후보를 지지하라"거나 "이 법은 틀렸다"라고 직접적으로 이야기하는 것은 바람직하지 않다.

안야빌리: 뉴스에 노출되지 않은 이야기는 이런 토론에서도 소외된다. 비슷한 사람끼리 어울리다 보면, SNS에서도 비슷한 이야기만 접한다. 스스로 관심 있는 문제에만 신경 쓰고, 다른 사람 이야기는 잘 듣지 않는다. 그러지 않기 위해서는 더 다양한 목소리에 귀를 기울여야 한다. 그들에게 다가가기 위해서는 다양한 견해에 좀 더 관용적 태도를 보여야 한다.

많은 대화 속에서 정의를 이야기할 때, 이 단어는 좌파적, 진보적 개념으로 인식된다. 하지만 정의는 성경에서 나온 단어다. 성경은 정의에 대해 많이 이야기한다. … 목사들이 정의를 설교하지 않기 때문에 놓치는 이슈가 적지 않다. 우리는 그들 목소리에 귀 기울이는 것을 좋아하지 않으며, 우리끼리 어울리는 것을 선호한다. 진보적인 독서를 통해 좀 더 풍성한 이해가 가능하다.

가령 사법 제도와 대량 투옥 이슈가 있다. 가난과 관련된 문제를 이야기할 수 있다. 교육 예산과 그 집행 과정을 이야기할 수도 있다. 인신매매에 대해서도 논의할 수 있다. 뭐든지 말할 수 있다. 우리는 불의에 둘러싸여 살아간다는 점을 잊지 말아야 한다. 우리는 눈과 마음을 열고 더 많이 보고 느껴야 한다. 편안한 자리를 박차고 밖으로 나가야 한다.

보캄: 우리가 무시해온 문제가 있다고 생각한다. 지난 십수 년간 전쟁이 계속됐다. 하나님의 형상으로 지음받은 사람들이 죽어가지만, 우리는 전쟁을 생각하지 않는다. 이 문제를 거론조차 하지 않는다. 대신 끝도 없이 전쟁 확장 가능성만 이야기한다. 그리스도인으로서 침묵만 하고 있다. "언제 이 전쟁이 끝나죠? 왜 이 전쟁을 하고 있죠? 무엇을 이루기 위한 전쟁이죠?" 사람들이 거의 매일 죽어나가는데, 우리는 이야기조차 하지 않는다.

얀야빌리: 내 편이 아닌 사람과 대화할 필요성을 보여주는 좋은 사례라고 생각한다. 그의 말에 공감한다. 소위 좌파 친구들이 이 문제를 줄기차게 이야기해왔다. 그들은 처음부터 이 전쟁의 당위성에 의문을 품었다. 이들의 목소리에 귀를 기울여야 한다.

보캄: 그런데 그들은 하나님의 형상이라는 관점에서 이야기하지 않는다. 권력과 제국주의 관점에서 이야기한다. 나는 성경적 관점에서 말하는 것이다.

얀야빌리: 그래서 성경적 훈련이 필요하다. 그래야 이들과 성경을 이야기해도 중심을 잃지 않는다.

파이퍼: 나 역시 전쟁을 싫어하지만, 보코하람이 잔악무도한 행위를 계속한다면, 경찰이나 군대의 역할을 이야기하는 로마서 13장을 기억할 필요가 있다. 잔혹한 행위는 즉각 진압되어야 한다. 우리는 '보코하람'을 제거해야 한다.

보캄: 정의의 측면에서 볼 때, 미국이 타국의 내정에 직접 관여해야 하나 아니면 그 나라가 스스로 그 문제를 해결해야 하나?

파이퍼: 잘 모르겠다. 누군가 설교를 듣고 다가와 이런 질문을 던진다면 이렇게 답할 수밖에 없다. "다시는 그런 설교 안 합니다. 전쟁에 대한 설교는 안 해요. 나도 잘 모르거든요." 내 생각엔 둘 다 맞는 것 같다. 다만 후자가 좀 더 맞는 것 같다. 무언가로부터 멀어질수록, 그에 대한 책임도 줄어든다. 착한 사마리아인 비유를 보면 그렇다. 그는 거기 있었기에 책임을 느꼈다. 다른 곳에 있었다면, 책임이 없었을 것이다. 알지도 못했을 테니까. 알수록, 기회가 많을수록, 관심이 많을수록, 책임도 커진다. 나는 정말 미국이 국제 경찰이 되어야하는지 모르겠다.

얀야빌리: 파이퍼는 정의 문제를 목회와 교회에 국한해 이야기한다. 나는 이 문제가 중요하다고 생각하며, 보캄의 질문이 반갑다. 이 질문에 대한 대답으로 '근접성'을 논하는 것에는 한계가 있다. 이것을 근접성 이슈로 받아들이면, 무사안일에 빠지기 쉽다. 우리

가 알아야 할 일이 있다. 우리가 배워야 할 일이 있다. 우리가 사는 환경에서 신실한 증인이 되려면, 개입해야 할 일이 있다. 우리가 책임지고 보코하람 문제를 해결해야 한다는 말은 아니다. 이웃과 원수를 사랑하려면, 개인적 차원에서 그들과 세상에 대해 알아야 할 책임이 있다. 이런 문제들에 대해 견지해야 할 태도가 있다. 나는 보캄의 질문에 모두 그렇다고 대답한다. 그것은 정의의 문제이고 미국은 보코하람에 대해 책임이 있는가? 아니면 그 정부의 문제일 뿐인가? 둘 다 그러하다. 두 번째는 당연한 말이지만, 첫 번째도 그렇다. 아프리카에 대한 미국의 외교 정책은 끔찍했다. 노예무역에 참여했고, 인종 차별에 침묵했으며, 기근에도 무심했다. 부시 대통령은 예외였다. 그는 아프리카를 돕는 데 일조했다. 그 외에는 형편없었다. 클린턴 대통령은 아일랜드 분쟁을 중재했고, 보스니아-헤르체고비나 문제에도 어느 정도 개입했다.

이것은 또한 나이지리아와 그 정부의 문제이며, 공권력의 잘못된 집행의 문제이기도 하다. 따라서 이 나라의 문제이기도 하다. 우리 정부는 이런 문제에 보다 공정해야 한다. 어떻게 해결해야 하는지는 나도 모른다.

보캄: 나는 견해가 다르다. 미국 정부는 자국을 보호할 책임이 있다. 하지만 세계의 경찰 노릇을 하는 것은 미국의 임무가 아니다. 이는 필경 잘못된 길로 빠진다. 첫째, 그 과정에서 다른 나라의 주권을 침해하는 일이 발생한다. 이는 지금 미국이 처한 문제다. 둘

째, 다른 나라의 국경을 넘어서 개입하는 게 마땅하다면 그 기준은 어떻게 정할 것인가? 이는 매우 위험한 발상이다. 어떤 나라도 국경을 넘어가 정의를 구현할 권리는 없다.

얀야빌리: 우리가 고립주의, 보호주의로 가면, 결국은 스스로 망한다고 생각한다. 공공의 선을 위해 국가가 국제 현안에 관심을 갖고 개입하는 것이 옳다.

보캅: 그리고 나는 비개입주의지 고립주의는 아니다.

얀야빌리: 결국 개입의 문제가 초점이다. 다른 나라가 미국 시민의 안녕과 이익을 침해할 때는 개입이 정당한 권리다. 여기에는 우리 둘 다 완전히 동의한다. 여기서 다른 범주를 생각해보았으면 한다. 예를 들면, 집단 살육의 문제다. 사람이 하나님의 형상으로 지음받았으며, 생명은 말할 수 없이 소중하다는 얘기는 이미 했다. 그러므로 대량으로 목숨이 학살될 위험이 보이면, 우리는 개입해서 학살을 멈추어야 한다. 나는 킹 박사가 정의에 대해 한 말을 좋아한다. 1955년 몽고메리 버스 보이코트 연설에서 그는 말했다. "정의는 사랑에 반하는 모든 것을 바로잡는 사랑이다." 따라서 사랑은 자기 정부에 학살당하는 사람들을 위해 개입하는 것이다. 곁에서 지켜만 보는 것은 불의다. 이것이 개입의 근거다.

보캄: 여기에는 범주적 오류가 있다. 중간을 배제하고 있다. 학살을 방조하거나 강력한 군대를 보내는 것밖에 선택의 여지가 없다고 가정하는 오류를 범하고 있다. 그 둘 사이에는 단계가 많지 않은가?

얀야빌리: 전적으로 동의한다. 내 가정의 빈틈을 잘 지적해주었다. 외교적 해결의 여지도 많다.

보캄: 또한 주변국을 활용할 수 있다. 예를 들어 IS에 대해 말이 많다. "IS를 궤멸시키자. 왜 IS를 그냥 두는 거지?" 터키에도 50만의 군대가 있다. 왜 이들은 IS를 공격하지 않는가? 중간 부분에서 할 수 있는 일이 많다.

얀야빌리: 동의한다.

카슨: 나름 유익한 대화였다. 다른 사람에게도 발언 기회를 주어야겠다. 마지막으로 토론 방향을 좀 바꾸어보자. 성경을 진지하게 생각하고, 성경 원리를 근거로 이런 문제에 대해 생각을 나누는 것은 중요하다. 아들이 군대에 있다. 그래서 이런 문제에 대해 생각이 많은데, '정의로운 전쟁론'은 논의가 쉽지 않다. 또한 평화주의 외엔 대안이 없다고 말한다면, 이는 성경에서 좀 벗어난 주장이다. 여전히 어려운 문제다.

이런 정의의 문제가 우리 진영에서 얼마나 뜨겁게 논의되는가? 또한 복음을 폭넓게 이해하는 데 어떻게 도움이 되는가? 예수 그리스도와 그의 죽으심이라는 복음의 핵심을 선포하는 데 어떻게 연결이 되는가?

얀야빌리: 제일 먼저 로마서 3장 21~26절이 떠오른다. 레온 모리스는 이 구절이 성경에서 가장 중요한 단락이라고 말했다. 여기에서 바울은 하나님이 어떤 죄는 그리스도가 다시 오기까지 처벌을 유보했다고 말한다. 복음과 주 예수 그리스도의 십자가와 그의 부활을 통해서 나타나는 하나님은 공의로운 분이며, 또한 자기를 믿는 자를 의롭게 하시는 분이다. 이는 두 가지를 의미한다. 첫째, 세상의 모든 불의는 회개하지 않음으로써 하나님의 진노를 사게 되거나 회개하고 주 예수를 믿음으로써 예수가 대신 치른 죗값으로 용서를 받게 된다. 둘째, 세상의 모든 불의 중에 가장 우리 가슴에 가깝게 와 닿는 불의는 개인적인 죄와 책임, 하나님께 잘못한 죄다. 따라서 우리가 개인적으로 가장 신경 써야 할 정의의 문제는 하나님 앞에서 지은 자신의 죄다. 하나님의 영광을 가로채고, 불순종한 죄다. 우리는 그에 대해 하나님의 심판을 받거나, 아니면 그리스도를 믿음으로써 은혜로 용서를 받게 될 것이다. 그리스도는 우리 죄를 대신해서 자기 몸을 희생 제물로 드렸다.

누네스: 복음은 사람의 마음과 생각을 바꿀 수 있는 하나님의 말

씀이다. 복음으로 인한 변화가 아니면, 아무 변화도 기대할 수 없다. 교육에는 그런 힘이 없다. 기술 역시 마찬가지다. 우리는 제1차 세계대전 후에 이 사실을 확인했다. 세계의 인도주의자들이 하나로 뭉쳤고, 1차 대전의 경험을 교훈 삼아 다시는 그런 일이 반복되지 않게 하겠다고 다짐했다. 그러나 불과 몇 년 후에 우리는 제2차 세계대전을 겪었다.

복음만이 인류의 유일한 희망이며, 종류나 성격, 수준에 상관없이 어떤 불의의 문제와 직접적 연관이 있다고 생각한다. 복음 없이는 소망이 없다. 그러므로 우리는 복음을 계속 설교해야 하며, 사람의 생각과 마음을 변화시켜야 한다. 성도들을 강하게 교육해야 한다. 그래서 그들이 세상에 나가서 빛과 소금의 역할을 할 수 있게 해야 한다.

여기에 문제가 있다. 우리는 사람들에게 복음과 중생을 가르치는 것으로 그친다. 그들이 의사, 엔지니어, 배관공, 화공으로서 복음을 살아내도록 가르치지 못했다. 그래서 나는 복음과 정의 사이에는 직접적 상관관계가 있다고 생각한다.

켈러: 복음, 즉 예수의 대속을 통한 속죄라는 개념은 거룩함과 심판이라는 개념을 사랑 및 자비와 대립되는 것으로 보지 않는다. 이 두 개념은 십자가에서 조화롭게 빛난다. 정치 이론은 외교 정책이든 사법체계든 도덕 폐기론으로 치우치거나 도덕주의 및 율법주의로 치우치는 경향이 있다. 복음을 이해하는 사람으로서 이

양극단에 서지 않기란 쉬운 게 아니다. 이러한 패널 토의를 통해 저마다의 주장에는 타당한 신학적 근거가 있음을 알 수 있으며, 그리스도인으로서 어느 한쪽으로 치우쳐서는 안 된다는 사실을 배운다. 상대주의로 치우쳐 누구든 자기 생각대로 사는 게 옳다고 주장해서도 안 되며, 도덕주의로 치우쳐 윤리를 강요하거나, 개인 주의를 강요해서도 안 된다. 복음은 우리가 공동체로서 하나가 되어야 하며, 하나님 성품의 다양한 측면을 존중하고, 신학적 다양성을 존중하고 고려해야 함을 강조한다. 나는 현재 거의 모든 정당들이 그렇게 하려는 경향이 있다고 생각한다.

보캄: 복음만이 그것이 왜 중요한지를 설명한다. 복음만이 그것을 적절하게 설명한다. 그리스도가 사람들을 위해 죽었기 때문이다. 우리는 양자로 입양되었다. 복음 덕분에 나는 자신에게서 벗어나 다른 사람 속에서 하나님의 형상을 보며, 그리스도께서 허락하신 풍성한 보상을 본다. 또한 그 보상이 그리스도에게 얼마나 중요한지, 어떻게 그것이 다른 사람을 소중하게 여기도록 만드는지를 본다. 그때야 비로소 나는 올바른 관점에서 이것을 생각하기 시작한다. 이것은 권력을 행사하는 것이 아니다. 내 양심을 만족하게 하는 것도 아니다. 그리스도 안에서 하나 됨을 실현하는 것이며, 그리스도 몸의 일원으로서 상대방에게 관심을 투자하는 것이다. 나는 그리스도의 몸이 적절히 보살핌을 받고, 자라길 바라기 때문이다. 오직 복음이 그것을 이루신다.

파이퍼: 복음은 우리에게 정의를 위해서 살라고 말하지 않는다. 정의보다 더 큰 것을 위해 살기를 촉구한다. 정의는 최소한의 의무다. 사람을 대접할 때, 그 사람이 대접받아 마땅한 정도로 대접하는 것은 그리스도인의 삶이 아니다. 복음에 나타난 하나님은 우리가 대접받아 마땅한 것 그 이상으로 우리를 대접하셨다. 이것은 정의가 아니다. 우리가 복음에서 얻는 것은 정의가 아니라 은혜다. 하나님은 이 세상에 교회를 세우셨고, 교회는 정의 그 이상으로 사람을 대접한다. 당신은 살아가면서 '어떻게 하면 공정할까' 보다 더 큰 것을 고민해야 한다. 어떻게 은혜로운 사람이 될까, 어떻게 남을 사랑할 수 있을까? 어떻게 하면 친절한 사람이 될까? 어떻게 하면 적까지도 사랑할 수 있을까? 어떻게 남을 위해 나를 희생할 수 있을까? 어떻게 하면 억울하게 고소를 당해도 오히려 친절을 베풀 수 있을까? 복음은 정의보다 훨씬 더 큰 것을 말한다. 그리스도인은 단지 공평한 사람이 되는 것에 머물면 안 된다. 그것은 최소한이다. 거기에서 시작해서 더 나아가야 한다. 우리가 사람들을 마땅히 취급받아야 할 수준 그 이상으로 대접할 때, 세상은 비로소 우리 안에서 그리스도를 보게 될 것이다.

1장. 생명을 택하라

1) 별도의 언급이 없는 한, 영어 성경 인용은 NIV를 따른다.

2) Tremper Longman III and Raymond B. Dillard, *An Introduction to the Old Testament*, rev. ed. (Grand Rapids, MI: Zondervan, 2006), chap. 6. (《최신 구약 개론》, CH 북스, 2009).

3) Rebecca Manley Pippert, *Hope Has Its Reasons: The Search to Satisfy Our Deepest Longings*, rev. ed. (Downers Grove, IL: InterVarsity, 2001). (《토마토와 빨간 사과》, 사랑플러스, 2003).

4) John Newton, "Shall Men Pretend to Pleasure."

5) William Cowper, "Love Constraining to Obedience," 1772.

6) Thomas R. Schreiner, *Romans*, Baker Exegetical Commentary on the New Testament (Grand Rapids, MI: Baker, 1998).

7) Christopher J. H. Wright, *Deuteronomy* (Peabody, MA: Hendrickson, 1996). (《UBC 신명기》, 성서유니온선교회, 2017).

3장. 주님이 거기 계신다

1) John B. Taylor, *Ezekiel, Tyndale Old Testament Commentaries* (Downers Grove, IL: InterVarsity Press, 1969), 247.

2) Carrie E. Breck, "Face to Face with Christ, My Savior," 1898.

4장. 준비됐는가?

1) Richard A. Rempel, Andrew Brink, and Margaret Moran, eds., *The Collected Papers of Bertrand Russell*, vol. 12, *Contemplation and Action: 1902–1914* (London: George Allen & Unwin, 1985), 71.

2) Alfred George Gardiner, *The War Lords* (London: Dent, 1915), 115, 120.

3) James J. Greene and John P. Dolan, eds., *The Essential Thomas More* (New York: Mentor-Omega, 1967), 87–88.

4) Alexis de Tocqueville, *Democracy in America*, trans. Henry Reeve (New York: Barnes and Noble, 2003), 278.

5장. 하나님을 상속받는 사람들

1) Margaret Clarkson, "O Father, You Are Sovereign," 1980.

2) J. R. R. Tolkien, *The Return of the King: Being the Third Part of the Lord of the Rings* (New York: Ballantine, 1955), 378.

3) Thomas R. Schreiner, *Romans*, Baker Exegetical Commentary on the New Testament (Grand Rapids, MI: Baker, 1998), 430.

4) C. H. Spurgeon, *The Treasury of David*, 3 vols. in one (Peabody, MA: Hendrickson, 1988), 2:266.

6장. 믿는 자는 예수의 일을 한다

1) D. A. Carson, *The Gospel according to John*, The Pillar New Testament Commentary (Grand Rapids, MI: Eerd mans, 1991), 496. (《요한복음》, 솔로몬, 2017).

7장. 부활이 없으면 복음도 없다

1) John Calvin, *Commentary on the Epistles of Paul the Apostle to the Corinthians*, vol. 2, trans. John Pringle (Grand Rapids, MI: Eerdmans, 1948), 46. (《칼빈 주석21: 고린도전후서》, CH북스, 2016).

8장. 새 하늘과 새 땅, 구원의 완성

1) Ambrose Bierce, *The Devil's Dictionary* (New York: Dover, 1993), 107. (《악마의 위트 사전》, 함께, 2007).

2) William Revell Moody, *D. L. Moody* (New York: Macmillan, 1930), 537–38.

3) Chad Walsh, *From Utopia to Nightmare* (London: Bles, 1962), 30.

4) Margaret Clarkson, "O Father, You Are Sovereign," 1980.

5) Joni Eareckson Tada, *Heaven—Your Real Home* (Grand Rapids, MI: Zondervan, 1995), 41.

6) Gregg Easterbrook, *The Progress Paradox: How Life Gets Better While People Feel Worse* (New York: Random House, 2003). (《진보의 역설》, 에코리브르, 2007).

7) Thomas Boston, *Human Nature in Its Fourfold State* (Edinburgh: Banner of Truth, 1989), 452–53.

8) Ibid., 450.

9) Jonathan Edwards, *Jonathan Edwards: Representative Selections*, ed. Clarence H. Faust and Thomas H. Johnson (New York: Hill and Wang, 1935), 173–74.

10) C. S. Lewis, *The Last Battle* (New York: Macmillan, 1956), 165. (《마지막 전투》, 시공주니어, 2001).

11) John Donne, quoted in John Polkinghorne, *The God of Hope and the End of the World* (New Haven, CT: Yale University Press, 2002), 98.

옮긴이 **서경의**

서울대학교와 동대학원을 졸업한 후 미국으로 건너가 웨스트민스터신학교에서 목회학 석사(M.Div)
학위를 받았다. 현재 번역에이전시 엔터스코리아에서 출판기획자 및 전문 번역가로 활동 중이다.
옮긴 책으로는《존 비비어의 음성》,《하나님의 통로》,《예수가 주는 평안》,《응답이 보장된 기도》,
《성경에 그런 말이 어딨어》,《바이블 아틀라스》,《신화로 읽는 심리학》등 다수가 있다.

천국
묵상

초판 1쇄 발행 2018년 5월 18일
초판 4쇄 발행 2018년 9월 3일

지은이 팀 켈러·존 파이퍼 외
엮은이 D. A. 카슨·제프 로빈슨
옮긴이 서경의

펴낸이 오정현
펴낸곳 국제제자훈련원
등록번호 제2013-000170호(2013년 9월 25일)
주소 서울시 서초구 효령로68길 98(서초동)
전화 02)3489-4300 **팩스** 02)3489-4329
이메일 dmipress@sarang.org

ISBN 978-89-5731-744-0 (03230)

▌국제제자훈련원은 건강한 교회를 꿈꾸는 목회의 동반자로서 제자 삼는 사역을 중심으로
성경적 목회 모델을 제시함으로 세계 교회를 섬기는 전문 사역 기관입니다.